둥글둥글 지구촌
경제
이야기

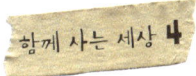
함께 사는 세상 4

둥글둥글 지구촌
경제 이야기

석혜원 글 유남영 그림

> 개정판을 내며

함께 잘사는 세상

《둥글둥글 지구촌 경제 이야기》가 세상에 첫선을 보인 건 2009년 8월이었습니다. 2002년 한국의 월드컵 4강 진출이 불러일으킨 축구 열기가 남아 있을 때라 월드컵 공인구를 갖고 싶어 하는 어린이들이 있었어요. 하지만 32개의 가죽 조각을 이어서 만들어지는 공인구가 1620번의 바느질을 통해서 완성되고, 이런 바느질을 1990년대 중반까지 파키스탄 시알코트 지방의 어린이들이 했다는 사실에 관심을 갖는 어린이는 없었습니다. 이들이 한 개에 15만 원이나 되는 축구공 하나를 만들고 받았던 돈은 겨우 300원이었다는 것도 몰랐지요.

그래서 '축구공을 차는 아이, 축구공을 만드는 아이'라는 제목으로 작가의 말을 쓰면서 사람들이 서로 어울려 사는 '함께 사는 세상'이 되려면 우선 다른 사람들이 사는 모습을 알아야 한다고 했습니다. 《둥글둥글 지구촌 경제 이야기》를 쓰면서 여러 나라의 경제적인 특색이나 발전 모습뿐만 아니라 사람들의 살아가는 모습을 다양하게 보

여 주려고 애를 썼다는 점도 말했어요. 축구공을 가지고 신나게 노는 어린이에게 셀 수도 없이 바늘에 손가락을 찔리면서 축구공을 만드는 어린이가 있고, 초콜릿을 좋아하는 어린이에게 초콜릿 원료를 재배하는 카카오 농장에서 일하지만 초콜릿을 먹어 본 적이 없는 어린이도 있다는 사실을 알려 주고 싶다고 했지요.

  책이 나온 지 거의 10년이 지났지만 아직도 어린이들이 《둥글둥글 지구촌 경제 이야기》를 꾸준히 읽어 주어 책을 쓴 보람을 느껴요. 그런데 '10년이면 강산도 변한다.'는 속담처럼 세월이 흐르며 세상이 변하다 보니 책의 내용을 바꾸어야 할 부분들이 생겨서 개정판을 내게 되었답니다. 책을 고치면서 다섯 명에 한 명 꼴이었던 세계의 절대 빈곤 인구는 열두 명에 한 명 꼴로 줄어든 사실을 확인하고 위안을 받았고, '아무것도 사지 않는 날' 행사처럼 우리의 소비 생활과 환경에 대해 생각해 보자는 운동은 제자리걸음이어서 안타깝기만 했어요.

  요즘 자주 입에 오르내리고 있는 4차 산업 혁명이 더 진행되면, 틀림없이 경제 환경은 더욱 달라질 거예요. 하지만 세월이 흘러도 변하지 않는 것은 경제는 '나만 잘살기' 위해서가 아니라 '함께 잘사는 세상'을 만들기 위해 알아야 한다는 사실입니다. '함께 잘사는 세상'을 만드는 첫걸음은 여전히 가난한 나라의 경제 사정을 이해하고, 상품을 만든 사람들의 삶을 생각하는 소비와 지구 환경을 해치지 않는 방식의 소비에 관심을 갖는 것임을 마음속에 새겼으면 해요.

자, 그럼 흥미진진한 지구촌 경제 이야기 속으로 들어가 볼까요?

석혜원

차례

개정판을 내며 함께 잘사는 세상 4

1. 아시아 이야기

사람이 많이 모이는 곳 12   같은 운동화를 신었네? 15   일본을 일으킨 자동차와 전기 전자 산업 16   한강의 기적 19   물레질을 하는 간디 22   15개 언어가 인쇄된 루피화 25   석유 수출국의 힘을 보여 주마! 26   세계 유명 은행이 모두 모여 있어 28   나라 전체가 쇼핑센터라고? 31   가난한 사람에게만 돈을 빌려주는 그라민 은행 33   어린이는 학교로, 어른은 일터로 35   동남아시아 사람들도 빨리 잘살아야 해, ASEAN 37   1997년, 우울했던 아시아 39   친디아가 다시 일어섰다 42   하늘에서 떨어진 사막 위의 도시 43

2. 유럽 이야기

뱃길 탐험으로 세계 경제의 중심에 선 유럽 50   풍차 속에 담긴, 자연을 바꾼 의지 52   박물관으로 탈바꿈한 세계 최초의 기차역 54   노동자의 일자리를 빼앗는 기계를 부숴라! 56   프랑스를 알릴 기념물을 세우자 57   해마다 만나는 한국 아저씨 60   돈을 바꿀 필요가 없어 62   여기도 관광객, 저기도 관광객 64   7박8일 동안 기차를 타고 달린다 66   키예프에 새로 생긴 시장 68   '배 속에서 무덤까지' 보살펴 주는 나라 71   북유럽 사람들은 마음이 넉넉해 72   시장이 정말 크구나 74   어린이들이 장사하는 날 76

3. 북아메리카 이야기

이민자들이 미국의 공업화를 이끌었어 82 24달러에 사들인 맨해튼섬 83 세계 경제를 움직이는 월스트리트 86 이겨라, 이겨라! 황소 이겨라! 88 서쪽으로 말을 몰아라! 90 미국 제일의 부자는 누구일까? 92 '현대'를 발명한 사람 96 실리콘 밸리에서는 모험이 두렵지 않아 98 행복을 파는 딸기 농장 100 잔디 대신 텃밭을 가꾸자 101 단풍나무에서 얻어 내는 메이플 시럽 105 서커스는 사양 산업이 아니랍니다 106 북아메리카 나라들도 뭉치자! 109 수출은 늘었지만 살림살이는 글쎄…… 110 아무것도 사지 않는 날 112

4. 중남부 아메리카 이야기

붉은 염료 나무의 나라, 브라질 116 카나리아 군단의 축구 선수가 되어야지! 118 대서양과 태평양을 이어 주는 파나마 운하 120 산티아고의 한국 전자 제품 123 돈이 많아도 살 수 없는 물건 126 유기농 과일과 채소만 먹어요 128 자연 보호가 곧 경제력, 자연의 천국 코스타리카 130 배낭여행자들의 천국 안티구아 132 산 위의 소금 호텔 134 석유가 생수보다 싸다고? 136 중남부 아메리카도 서로 뭉쳐야 해, MERCOSUR 139

5. 오세아니아 이야기

사람보다 양이 많은 나라 144 우리 나라 국민이 돼 주세요 146 20세기 최고의 계획도시 148 키위프루트의 고향은 어디일까? 151 '제스프리'니까 분명히 맛있을 거야 152 마오리족의 문화는 훌륭한 관광 상품이야 155 돈이 찢어지지 않아 156 나라가 망하기도 할까? 158 기차를 타 보고 싶어 160 경고합니다. 참치를 마음대로 잡지 말아 주세요! 162 이 돈을 옮기려면 스무 명이 필요해! 164

6. 아프리카 이야기

오늘은 독립 기념일 170 초콜릿이 무슨 맛인지 몰라 173 나도 학교에 다닐 수 있을 거야 175 아프리카에서 1달러는 177 문을 닫은 신발 공장 178 작은 도서관에서 큰 꿈을 키워요 180 이제 옥수수를 수출하게 되었어 182 광산에서 일하게 되면 잘살 수 있겠지? 184 돈의 주인공이 동물이야 187 모로코의 가죽 공장 188 케이프타운의 두 얼굴 189

1. 아시아 이야기

아시아는 유럽과 아프리카의 동쪽, 태평양의 서쪽에 위치하고 있는 지구상에서 가장 넓은 대륙이야. 세계 인구 순위 1위 중국과 2위 인도를 비롯하여 인도네시아, 파키스탄, 방글라데시 등 10위 안에 드는 나라들이 위치해 있어서 세계 인구의 절반 이상이 살고 있단다.
일찍부터 문명이 발달했고 생산과 상업도 활발하여 중세까지는 중국이나 인도, 이슬람 지역의 경제가 유럽보다 앞서 있었어. 그런데 15세기 이후 유럽 나라들이 치열한 경쟁을 벌

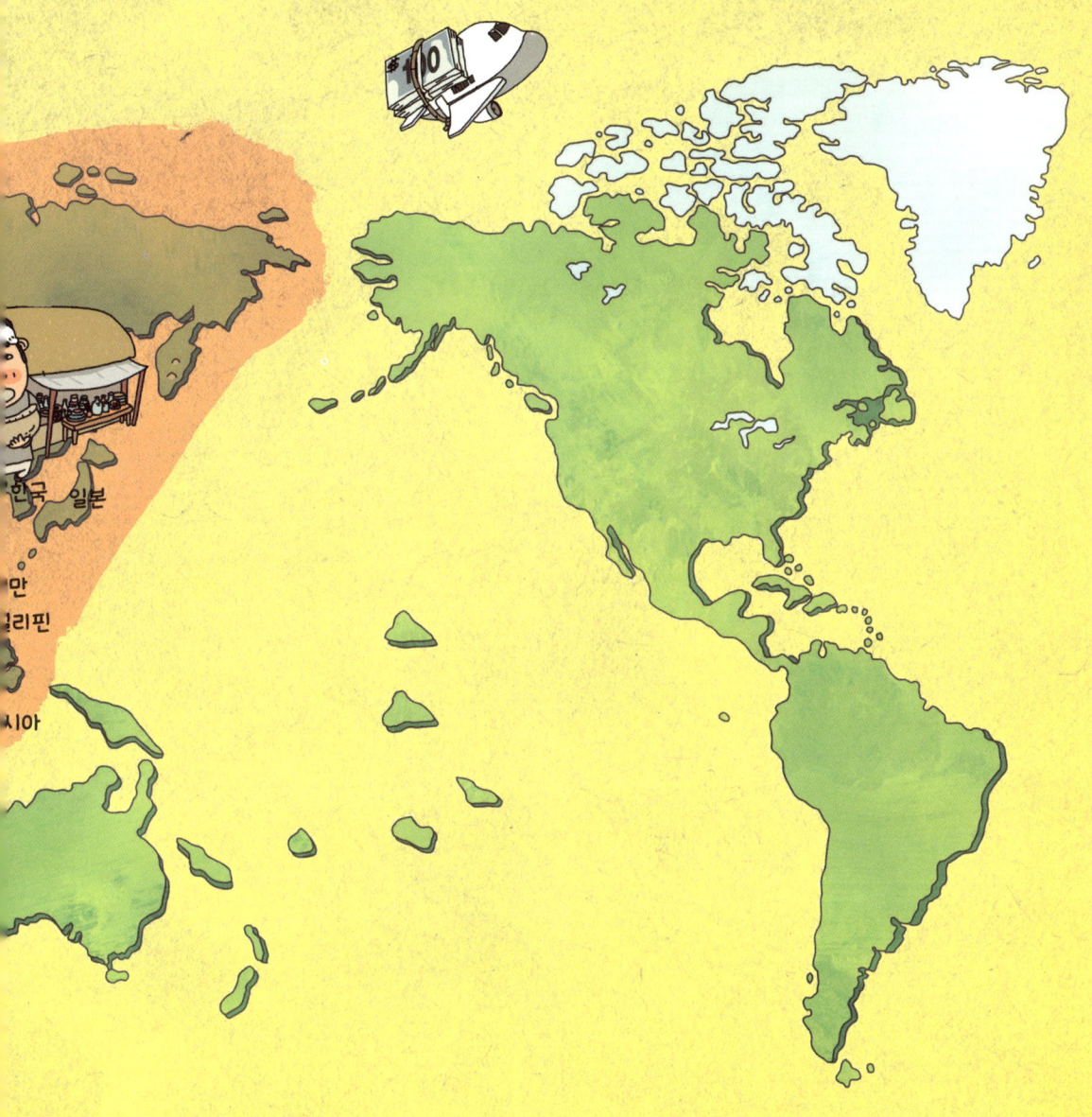

이며 발전했지만 아시아 나라들은 별 움직임이 없었지. 결국 아시아 대부분의 국가들은 유럽의 식민지 신세가 되고 말았단다.

지금도 아시아는 아프리카와 함께 세계에서 가장 가난한 사람들이 살고 있는 지역이야. 그러나 아시아의 미래를 결코 어둡다고 할 수 없어. 페르시아만의 석유를 비롯하여 엄청난 자원을 가지고 있고, 최근 들어 지속적으로 높은 경제 성장을 이루고 있는 나라들이 많거든.

⭐ 사람이 많이 모이는 곳

　러시아에 사는 스베틀라나는 우즈베키스탄의 사마르칸트에 위치한 아프로시압 박물관에 있는 벽화가 신기하기만 해.

　하얀 코끼리 등에 올라탄 신부와 말을 탄 시녀들, 낙타를 타고 그 뒤를 따르는 사절들, 기마행렬 등이 장관을 이루고 있거든. 이 벽화는 7세기에 사마르칸트의 통치자에게 시집오는 결혼 행진을 그림으로 옮긴 것이라고 해.

　중앙에는 각국 사절로부터 받은 선물로 장식된 예복을 입은 통치자가 그려져 있지. 비단옷을 입은 중국인, 긴 머리를 한 투르크인, 파미르의 유목민, 머리를 땋은 두 명의 고구려인 모습도 보여.

　우즈베키스탄은 옛 소련에 속했다가 독립한 국가들 중에서도 매우 가난한 나라야. 기차나 자동차가 없었던 시절에 먼 나라에서 이런 외딴 지역으로 결혼 축하 사절단이 왔다니 놀랍지 않니?

　하지만 사마르칸트의 역사를 알면 그리 놀랄 일이 아니란다. 이 지역은 로마 역사가 시작된 시기와 비슷한 기원전 750년 무렵부터 도시가 발달했고, 한때 동양과 서양을 연결해 주었던 찬란한 역사를 지닌 곳이지.

　예나 지금이나 항상 많은 사람으로 북적거리는 장소는 어디일까? 바로 물건을 사고파는 시장이야. 사람이 많이 모여야 물건을 쉽게 팔 수 있기 때문에 시장은 모두 사람이 많이 모이는 곳에 생겨났어. 사마르칸트는 우즈베키스탄 말로 '사람이 많이 모이는 장소'라는 뜻이란다. 그러니 이곳에 시장이

발달한 것은 당연한 일이야. 한때 비단길 중간에 위치한 사마르칸트를 거치지 않고는 동서양 어느 곳으로도 나갈 수 없었던 시절이 있었단다.

비단길은 옛날 동서양의 교역로이자 문명을 교류하는 통로였어. 수많은 상인이 중국 시안 지역에서 출발해 이라크 바그다드를 거쳐, 이탈리아 로마에 이르는 1만 3천 킬로미터의 비단길을 오가며 물건을 실어 날랐지. 그래서 사마르칸트는 서양 문명을 쉽게 접할 수 있는 곳이었어.

이 길을 통해 서양으로 운반되었던 중국의 대표적인 특산물이 비단이었기 때문에 실크 로드 즉, 비단길이라는 이름으로 불리게 되었단다.

중국에서는 종이, 화약, 비단 등을 수출했는데, 특히 비단은 아주 인기가 높아서 중앙아시아와 서아시아를 거쳐 멀리 로마까지 전해졌지. 서방에서 중국으로는 옥이나 보석, 유리 제품, 석류와 오이, 수박, 포도, 호두, 완두콩, 참깨와 같은 식물들이 들어왔어.

동서양을 이어 주던 비단길은 몽골 제국이 유라시아(유럽과 아시아를 이르는 말) 대륙의 대부분을 지배하게 되면서 그 역할이 줄어들게 되었고, 중앙아시아도 점점 쇠퇴하기 시작했단다.

세계 어느 도시 못지않게 번영을 누리며 '중앙아시아의 심장'이라고 불리던 사마르칸트는 이제 인구 약 57만 명의 아담한 도시가 되었어.

그렇지만 지금도 마케도니아의 알렉산더 대왕부터 세계 최대 제국을 세웠던 칭기즈 칸까지 이 도시를 거쳐 간 수많은 왕과 이름 모를 상인들의 발자취를 더듬어 보기 위해 세계 여러 나라 사람이 끊임없이 찾아오는 곳이야.

같은 운동화를 신었네?

"얘들아, 빨리 나와. 놀이공원으로 출발하자."

어머니께서 외치는 소리에 민수와 승수는 컴퓨터 게임을 끝내고 현관으로 나갔어. 승수는 민수보다 두 달 늦게 태어난 민수의 사촌 동생이야. 미국에서 살고 있는 승수는 여름 방학을 한국에서 보내려고 어제 민수네로 왔어. 승수가 한국에서 제일 먼저 하고 싶은 일은 놀이공원에 가는 것이었어.

"어? 어느 것이 내 운동화지?"

현관에서 신발을 찾던 승수는 당황했어. 현관에 같은 운동화 두 켤레가 있는 거야. 민수도 깜짝 놀랐어. 어제 승수는 공항에서 바로 집으로 왔으니까. 한국에서 운동화를 살 겨를이 없었는데, 어떻게 똑같은 운동화를 신고 있을까? 어머니께서 웃으면서 말씀하셨어.

"운동화에 표시를 해야겠구나. 승수 운동화도 중국에서 만들어 수출한 건가 보다."

옷이나 신발, 장난감, 학용품 등이 어디에서 만들어졌는지 살펴보면 '메이드 인 차이나 Made in China'라는 글씨가 쓰여 있는 게 많을 거야. 이 표시는 중국에서 만든 상품이라는 뜻이야.

중국에서 수입된 제품은 대부분 우리나라에서 만든 상품보다 값이 싸. 우리 주변에 중국산 물건이 많다는 건 중국에서 만든 물건을 많이 수입한다는 뜻이기도 해. 이처럼 중국의 값싼 상품은 우리나라뿐 아니라 미국을 비롯한 세계 여러 나라로 많이 수출되고 있어.

사회주의 국가로 그동안 자본주의 국가와 교류하지 않았던 중국은, 1981년부터 주석 덩샤오핑이 경제 정책을 바꾸면서 자본주의 국가와 무역^{나라와 나라가 서로 물건을 사고파는 일}을 시작했어.

세계 각국의 기업은 중국의 값싼 노동력과 거대한 시장에 매력을 느끼고 앞다투어 중국에 공장을 만들었지. 따라서 중국 경제는 발전을 거듭해 2010년에는 세계 2위의 경제 규모를 가진 나라가 되었어. 그리고 세계에서 가장 수출을 많이 하는 나라가 되었지.

이제 중국은 세계의 공장이 되었고, 세계 경제에 대한 영향력도 아주 커졌단다.

주문자 상표 부착 생산
OEM : Original Equipment Manufacturing

생산품에 자기 상표가 아니라 주문자의 상표를 붙이는 방식. 디자인이나 품질 관리는 상표의 권리자가 맡고 생산은 중국과 동남아시아처럼 노동력이 저렴한 나라에 맡길 때 이런 방식이 많이 이용된다.

⭐ 일본을 일으킨 자동차와 전기 전자 산업

제2차 세계 대전의 패전국이었던 일본은 1950년 한국 전쟁을 치르는 데 필요한 물자를 보급하면서 다시 일어설 수 있게 되었어.

저렴하고 근면한 노동력 덕분에 섬유를 비롯한 경공업 시장에서 일본 상품이 많이 팔리게 되었단다. 경공업은 식료품, 섬유, 종이, 신발 등 부피에 비해 무게가 가벼운 제품을 생산하는 공업이야.

일본 기업들은 이에 그치지 않고 1950년대 후반부터 모든 산업 분야에 자동화를 위한 기술을 도입하고, 엄청난 자본이 필요한 중화학 공업 공장 등에 대규모의 투자를 하기 시작했어.

일본은 세계에서 미국과 중국 다음으로 생산량이 많은 나라인데, 이런 경제 성장을 이끌어 낸 대표적인 산업은 무엇이었을까? 바로 자동차와 전기 전자 산업이란다.

일본은 1967년 연간 300만 대가 넘는 자동차를 생산해서 세계 2위의 자동차 생산국이 되었어. 1973년 석유 파동이 일어나자 에너지가 적게 드는 일본 소형 자동차의 인기가 더욱 높아졌어. 그래서 1974년 일본은 자동차 생산국 1위로 올라서게 되었지.

전기 전자 산업의 선두 주자는 일본의 소니라는 회사야. 1946년 전자 회사를 설립한 아키오 모리타는 미국과 유럽 시장을 돌아보며 외국의 최신 기술과 발전 상황을 살펴보았어. 그는 미국에서 개발된 트랜지스터를 사용하는 가전제품을 만들면 큰 성공을 거둘 것이라고 확신했지.

그리고 1955년 일본 최초의 트랜지스터라디오를 생산했고, 이때 회사 이름을 소니로 바꾸었어. 24년이 지난 1979년, 이동하면서 음악을 들을 수 있는 헤드폰 스테레오인 워크맨의 성공으로 소니는 세계 최고의 전기 전자 제품 회사가 되었어.

아키오는 딸이 여행에서 돌아오자마자 방으로 달려가 스테레오 카세트에

테이프를 넣고 음악을 듣는 것을 보고 워크맨 개발의 아이디어를 얻었다고 해. 장소에 구애받지 않고 혼자서 음악을 듣게 해 주는 워크맨은 전 세계 청소년들이 가장 가지고 싶은 물건 1호가 될 정도로 인기를 끌었단다.

　소니뿐만 아니라 일본에는 파나소닉, 도시바, 히다찌, 산요 등 유명한 전기 전자 회사들이 많아.

　우리나라의 삼성전자나 LG전자에서 만든 휴대 전화기가 세계적인 명성을 얻으면서 우리 전기 전자 업체의 명성도 높아졌어. 〈비즈니스 위크〉와 '인터브랜드'가 매년 선정하는 글로벌 100대 기업 발표에서, 2005년부터 삼성전자가 소니를 앞질렀단다. 하지만 아직도 전기 전자 제품은 일본산이 최고라고 생각하는 사람이 많아. 그래서 삼성전자나 LG전자가 일본 기업이라고 착각하는 외국인도 있어.

⭐ 한강의 기적

민수는 이번 겨울 방학을 정말 재미있게 보냈어. 필리핀의 세부로 가족 여행을 갔었거든.

여행 둘째 날의 일정은 시내 유적지를 돌아보는 것이었어. 포르투갈의 탐험가인 마젤란이 항해 도중 상륙했던 세부섬에는 '마젤란의 십자가'를 비롯해 마젤란과 관련된 유적이 많아.

산토니뇨 성당을 나와서 다음 목적지를 향해 걷다가 허름한 상점 앞에 앉아 신발 꿰매는 일을 하는 아저씨를 보았어.

그런데 아버지께서 놀라운 말씀을 하셨어.

"내가 어렸을 때도 운동화를 꿰매 신었단다. 1960년대 중반까지 우리나라는 필리핀보다 더 가난했어. 그런데 한국 경제가 한강의 기적이라고 할 정도로 빠르게 성장해서 지금은 필리핀보다 훨씬 잘살게 된 거야."

'제1차 경제 개발 5개년 계획'이 시작되기 전 해였던 1961년, 우리나라의 1인당 국민 소득은 82달러였어. 1인당 국민 소득이란, 한 나라의 온 국민이 나라 안팎에서 1년 동안 벌어들인 모든 소득을 인구수로 나눈 것으로, 국민 한 사람이 평균 얼마의 돈을 버는지를 나타내는 지표야.

아무튼 같은 해 아프리카 가나의 1인당 국민 소득이 179달러였으니까, 우리나라가 얼마나 못사는 나라였는지 짐작할 수 있지?

'경제 개발 5개년 계획'은 가난을 벗어나고 경제 성장을 이루기 위해 정부가 앞장서서 공업화에 대한 계획을 세우고 이를 실행에 옮겼던 것을 말해.

그 뒤 우리나라 경제는 놀라운 속도로 성장했어. 10년 동안 생산량은 5배가량 증가해, 1972년 국내 총생산은 100억 달러를 넘어섰어. 국내 총생산이란, 한 나라 안에서 일정한 기간 동안 생산된 모든 부가 가치생산 과정에서 추가로 생겨나는 가치를 합친 말이야.

1970년대로 이어지는 제3, 4차 경제 개발 5개년 계획 기간에도 우리나라 경제는 지속적으로 높은 성장을 했어. 1995년 1인당 국민 소득은 1만 달러를 넘어서 우리나라는 제2차 세계 대전 이후 세계에서 가장 빠른 경제 성장을 이룩한 나라가 되었단다.

우리나라가 이런 성장을 이룰 수 있었던 것은 철강, 자동차, 조선, 석유 화학 공업 등 중화학 공업을 발달시킬 수 있었기 때문이야. 중화학 공업 제품은 가격이 높기 때문에 부가 가치도 높아서 국내 총생산을 늘리는 데 유리하지.

또한 적극적으로 해외 시장을 개척해서 수출을 늘린 덕분이기도 해. 1964년 1억 달러였던 수출이 1977년에는 100억 달러를 넘어섰어. 그리고 1995년에는 1천억 달러가 넘었단다.

외국 언론들은 한국의 비약적인 경제 성장을 '한강의 기적'이라고 표현했어. 그러나 이러한 성장이 기적처럼 거저 얻어진 것은 아니란다. 모든 한국 사람이 '우리도 잘살 수 있다.'는 신념을 가지고 어려운 환경 속에서 눈물과 땀을 닦으며 열심히 일했기 때문에 가능했던 거야.

🌟 물레질을 하는 간디

해마다 10월 첫째 주 토요일이면 수리다는 아버지와 함께 간디박물관을 방문해. 이미 여러 번 왔으니까 박물관에 전시된 물건들이 신기하지는 않아. 대신 이 물건들을 보면 오랜만에 보는 친척을 만나는 기분이 들어.

수리다는 간디가 손수 물레질을 해서 뽑은 무명실로 짠 옷을 한참 동안 바라보았어.

이 옷을 보고 있으면 친할아버지를 만나는 것처럼 마음이 따뜻해지거든.

인도 독립의 아버지 간디를 사람들은 마하트마 간디라고 불러. 마하트마가 이름이고 간디는 성이라고 생각하는 사람들도 있지만 진짜 이름은 모한다스 카람찬드 간디야.

그런데 왜 마하트마 간디라고 부르는 걸까? 마하트마는 '위대한 영혼'이라는 뜻인데, 인도의 시인 타고르가 간디에게 바치는 시에서 그를 마하트마 간디라고 부른 뒤부터 모두 마하트마 간디라고 부르게 되었어.

간디에 대한 인도인들의 사랑은 상상을 초월할 정도여서 1996년 이후 인도에서 사용되는 일곱 종류의 지폐 앞면을 모두 간디의 초상이 차지하고 있단다.

인도 곳곳에는 간디박물관이 있고, 그의 생일인 10월 2일은 '드라이 데이 Dry day'로 모든 인도 국민이 자발적으로 술을 마시지 않아. 간디는 1948년 세

상을 떠났지만 지금도 인도인들은 그의 가르침 속에서 하나가 되고 있단다.

1757년 인도의 플라시 지방에서 영국과 프랑스 사이에 전투가 벌어졌단다. 이 전투에서 이긴 영국은 유럽과 인도 사이의 무역을 거의 독점하게 되었어.

공장에서 생산된 값싼 영국 물건이 인도에 들어오자 소규모로 필요한 물건을 생산했던 인도의 가내 수공업은 경쟁력이 떨어져 무너져 버렸어. 그래서 인도는 영국에 상품 원료를 공급해 주고 영국 상품을 팔아 주는 시장이 되었지.

1837년에는 영어가 인도의 공용어가 되었고, 1859년 인도는 결국 완전한 영국 식민지가 되었단다.

간디는 인도의 독립운동을 이끌면서 철저한 비폭력과 무저항을 내세웠어. 영국 정부가 인도 사람들에게 제공하는 모든 혜택을 거부하고, 영국에서 생산한 상품을 사용하지 않고 자급자족^{필요한 물자를 스스로 생산해 씀}하는 '스와데시_{Swadeshi} 운동'을 전개했단다.

간디는 이렇게 부르짖었어.

"실을 뽑는다는 것은 전 인도인을 위한 것입니다. 가난한 어린아이도 물레를 돌려 그 돈으로 수업료를 내게 합시다. 아무리 풍족한 생활을 하는 사람이라도 하루 한 시간은 가난한 사람들을 위해 물레를 돌리십시오. 인도인이여, 자기 손으로 자기 옷을 만드십시오!"

간디는 민족의식을 높이기 위해서 국산품 애용 운동을 벌였던 거야. 그리고 스스로 물레를 돌리며 자신의 옷을 직접 지어 입었어.

말로만 외치지 않고 몸소 실천하는 간디의 모습에 감동을 받은 수많은 인도인은 손수 짠 천으로만 옷을 만들어 입기 시작했지.

영국 상품을 사용하지 않고 자급자족하는 생활을 통해 영국의 경제적인 지배에서 벗어난 인도는 결국 1947년 8월 15일 독립 국가가 되었단다.

⭐ 15개 언어가 인쇄된 루피화

    2019년 현재, 세계 인구는 약 77억 명이야. 인구가 가장 많은 나라는 중국으로 무려 14억이 넘어. 다음은 인도로 13억이 넘지. 그러니까 두 나라의 인구를 합치면 전 세계 인구의 3분의 1이 넘는단다.

    이렇게 인구가 많은 나라에는 여러 민족이 함께 살고 있어. 그래서 사용하는 말이나 글이 서로 다르단다. 하지만 인도에서 사용하는 돈은 한 가지야. 그렇다면 돈의 금액이나 발행 은행은 어느 말로 표시하고 있을까? 이런 나라에서는 금액이나 발행 은행을 여러 민족의 말로 표시하지.

    중국은 인구의 93퍼센트가 한족(예로부터 중국 본토에서 살아온 황인종)이고 나머지 7퍼센트는 인구가 적고 언어와 풍습이 다른 소수 민족이 함께 사는 나라야. 중국에서 사용하는 돈인 '위안'의 앞면은 '중국인민은행'이라고 한자로 적혀 있지만, 뒷면에는 영어와 함께 몽골어, 위구르어, 티베트어, 쫭족어 등 4개 소수 민족의 말이 쓰여 있어.

    또한 다양한 이주민들이 계속 뒤섞인 인도에서 공식적으로 사용하는 언어는 영어 외에 아삼어, 벵골어, 구자라트어, 힌디어, 칸나다어, 카슈미르어, 말라얄람어, 마라타어, 오리야어, 펀자브어, 산스크리트어, 신드어, 타밀어, 텔루구어, 우르두어 등 무려 15개란다.

    그래서 인도의 돈 루피에는 이 모든 언어로 금액이 표시되어 있어.

💫 석유 수출국의 힘을 보여 주마!

인도와 중앙아시아를 제외한 아시아의 남서부를 서남아시아라고 해. 세계 4대 문명 중에 하나인 메소포타미아 문명이 일어난 지역이지. 하지만 사막과 초원이 넓은 면적을 차지하고 있어서 사람이 살기에 그리 좋은 조건은 아니었어.

이곳 사람들은 좀 더 살기 편한 곳을 찾아 끊임없이 삶의 터전을 옮기는 유목 생활을 했고, 서남아시아는 아시아에서도 뒤처진 지역이 되었단다.

그런데 1970년에 들어서 이곳에 세계 사람들의 눈길이 쏠리게 되었어. 세계를 휩쓸었던 경제 불황의 원인이 이곳에서 생산되는 석유 때문이었거든.

서남아시아의 페르시아만 연안에는 전 세계 석유 매장량의 60퍼센트 이상이 묻혀 있지. 석유는 세계에서 소비하는 에너지 자원 중에서 가장 큰 비중을 차지할 뿐만 아니라 공업 원료로도 널리 활용되고 있어.

그런데 석유 생산국들이 이것을 무기처럼 이용하려는 움직임이 일어나 세계적인 경제 불황을 겪게 된 거야.

1961년 1월, 이란·이라크·쿠웨이트·사우디아라비아·베네수엘라 등 5개 석유 생산국들은 '석유 수출국 기구OPEC : Organization of Petroleum Exporting Countries'를 만들었어. 1962년에 새로운 회원국이 된 인도네시아와 리비아를 포함하여 2020년 1월 현재 회원국은 13개 나라야.

OPEC오펙은 겉으로는 회원국들의 석유 생산 정책을 조정해서 석유 가격을 안정시킨다는 목표를 내세웠지만, 사실은 그게 아니었어. 서로 뭉치면 높은 가격으로 석유를 팔 수 있을 거라고 생각한 거야.

1973년 10월, 이집트와 시리아가 유대인 나라인 이스라엘을 침공했는데 이스라엘은 미국의 도움을 받아 이를 물리쳤어. 그러자 OPEC에 속한 서남아시아 나라들은 미국의 중동 정책에 항의하며 유가를 70퍼센트 올리기로 했단다.

연이어 유가를 130퍼센트 다시 인상했고, 미국과 네덜란드로 향하는 원유 선박의 출항을 일시적으로 금지시켰어. 그러자 배럴_{액체의 양을 측정할 때 쓰는 단위. 석유 1배럴은 158.9리터}당 2달러 50센트 정도였던 원유 가격이 단숨에 4배나 오른 10달러가 되었어.

이곳에서 생산되는 원유에 크게 의존하던 세계 경제는 제2차 세계 대전 이후 가장 심각한 불황을 맞게 되었지. 왜 석유 가격 인상이 불황을 몰고 왔을까?

일반적으로 원유 가격이 올라가면 석유 제품과 화학 제품 등을 만드는 원가가 올라가게 되니까 당연히 제품의 가격도 올라가. 그렇게 되면 소비자는 다른 제품에 지출할 수 있는 돈이 줄어들어서 전체적으로 돈을 쓰는 일_{소비}이 줄어들지. 소비가 줄어들면 생산을 해도 팔리지 않으니까 생산을 줄이게 된단다.

또한 석유와 관련된 제품 가격이 올라가면 전반적인 물가가 오르게 돼. 그래서 기름값이 계속 높은 수준을 유지하면 소비와 투자가 줄어들고 물가는 오르는 이중고를 겪게 된단다.

1979년의 제2차 석유 파동으로 세계 경제는 또 한 번 크게 흔들렸어. 이란에서 회교 혁명이 일어난 직후 OPEC은 석유 가격을 다시 30달러가 넘는 수준으로 크게 올렸고, 높은 석유 가격은 1980년대 초반까지 지속되었단다.

OPEC이 석유를 마치 무기처럼 사용해서 위협하는 것에 두려움을 느낀 세계 각국은 에너지 수요량을 줄이는 운동을 벌이는 한편, 석탄과 원자력 등 석유를 대체할 에너지 개발에 힘쓰기 시작했지.

직접 자기 나라 근처에서 석유 자원을 찾아내려는 시도도 했고, 멕시코와 소련 등 새로운 석유 수출국으로부터 석유를 수입하기도 했어. 그러나 높은 석유 가격에 대한 충격으로 경제는 한동안 불황에 시달릴 수밖에 없었단다.

석유가 전혀 생산되지 않는 우리나라 수입 품목 1위는 항상 원유가 차지해. 그래서 석유 수출국들이 힘을 자랑할 때마다 우리 경제는 비틀거리게 된단다.

★ 세계 유명 은행이 모두 모여 있어

말레이시아에 속해 있다가 1965년 독립한 싱가포르는 짧은 역사에도 불구하고 1인당 국민 소득이 약 6만 달러인 잘사는 나라야.

싱가포르 경제가 이렇게 성장할 수 있었던 것은 무역과 금융 산업이 아주 빠른 속도로 성장했기 때문이지.

싱가포르는 국토 전체 면적이 서울의 면적과 비슷한 작은 도시 국가지만 세계 유명 은행의 지점이 거의 다 있는 곳이란다.

싱가포르에 있는 외국 은행의 수는 100개도 넘어. 이곳에서는 주로 외국인들이 아시아계 기업에 투자하는 일을 중개하고 있어.

돈을 '경제의 혈액'이라고 하는 말을 들어 보았니? 혈액은 사람의 몸속을 골고루 돌아다니며 필요한 영양소를 공급해 주지. 마찬가지로 돈은 경제 활동이 일어나는 모든 곳을 돌아다니며 경제가 원활하게 돌아가도록 도와준다다. 그래서 돈을 경제의 혈액이라고 해. 피가 잘 돌지 않으면 사람이 병에 걸리듯 돈이 제대로 돌지 못하면 경제에 문제가 생겨.

심장은 사람의 몸 구석구석에 끊임없이 피를 전달하는 일을 도와주는 기관이야. 이처럼 돈의 흐름을 도와주는 일을 금융이라고 하고, 돈이 경제 활동이 일어나는 구석구석을 돌도록 도와주는 심장 역할을 하는 곳을 금융 기관이라고 해.

물이 높은 데서 낮은 데로 흐르듯이, 금융 기관은 돈이 많은 곳에서 필요한 곳으로 자연스럽게 이동할 수 있도록 도와준다.

돈거래는 한 나라 안에서만이 아니라 국제적으로 이루어지기도 해. 런던이나 뉴욕처럼 일찍이 국제 금융 중심지로 자리 잡은 곳에는 세계 여러 나라의 금융 기관이 모여 있단다. 이렇게 국제 간의 금융 거래를 위해 여러 금융 기관이 많이 모인 지역을 '금융 허브'라고 해.

　아시아에서 런던이나 뉴욕의 금융 기관과 거래를 하려면 시차 때문에 밤에 일을 해야 되는 불편함이 있었어.

　싱가포르는 이런 불편함을 덜어 주는 아시아의 금융 허브가 필요하다고 생각했지. 그래서 사업하기 좋은 조건을 내세우며 다른 나라 금융 기관들에게 싱가포르에 지점을 만들도록 권했단다.

　이런 계획이 성공해 싱가포르의 금융 산업은 국내 총생산의 20퍼센트 이상을 차지할 정도로 성장한 거야. 금융 산업은 부가 가치가 높은 산업이라 우리나라도 금융 허브가 되려는 꿈을 가지고 있어.

　다양한 나라 사람이 모여서 일을 하는 곳에서는 어느 나라 말이 사용될까? 두말할 필요 없이 세계 공통 언어인 영어가 사용될 거야. 그래서 지역이 금융 허브로 성공하려면 영어로 일할 수 있는 사람이 많아야 된단다.

★ 나라 전체가 쇼핑센터라고?

'50퍼센트 세일!'
'최대 70퍼센트까지 세일!'

센트럴의 국제금융센터IFC 몰, 애드머럴티의 퍼시픽 플라자, 코즈웨이 베이의 타임스 스퀘어 등 홍콩의 유명 백화점과 쇼핑센터에서는 크리스마스가 다가오면 각종 이벤트와 함께 할인 행사가 펼쳐져.

이 행사는 해를 넘겨 중국의 설날인 '춘제'까지 이어져. 이러한 대규모 세일은 여름에도 또 한 번 벌어지지. 매년 7월에서 8월까지 2개월 동안 진행되는 세일 기간이면, 홍콩은 쇼핑백을 손에 든 사람들로 넘쳐 난단다.

쇼핑객 중에는 홍콩 주민들도 있지만 중국 본토는 물론, 일본, 미국 등 외국에서 온 사람도 많아. 홍콩을 찾는 관광객 중에는 하루 종일 쇼핑을 하는 사람이 많단다. 사람들이 홍콩에서 쇼핑을 즐기는 이유는 홍콩에서는 수입품에 세금을 붙이지 않기 때문이야.

다른 나라에서는 국내 기업을 보호하려고 수입되는 물품에 관세라는 세금을 받아. 그래서 수입품은 관세만큼 물건값이 올라가. 하지만 홍콩은 관세를 면제해 줘.

워낙 좁은 지역이라 보호해야 할 국내 기업도 많지 않고, 오히려 세계 유명 브랜드의 상품을 싸게 팔아 다른 나라 관광객들을 끌어들이는 것이 홍콩 경제를 성장시키는 데 도움이 된다고 판단한 거야.

홍콩이 쇼핑의 천국이라는 소문이 나자, 관광과 쇼핑을 함께 즐기려는 사람들이 몰려왔고, 홍콩의 백화점과 쇼핑몰은 계속 늘어났어. 이제는 도시 전체가 거대한 쇼핑몰이 되어 버렸단다.

쇼핑을 하다가 다리가 아프고 지치면 사람들은 어디로 갈까? 쉬면서 맛있는 음식을 먹을 수 있는 음식점으로 갈 거야. 그래서 홍콩에는 홍콩을 대표하는 음식인 딤섬을 비롯해 세계 모든 음식을 맛볼 수 있는 음식점들도 많아.

1980년 무렵까지 경공업 중심이었던 홍콩은 이제 대대적인 할인 행사와 먹을거리, 볼거리를 앞세운 서비스 산업이 가장 큰 비중을 차지하는 나라가 되었어.

쇼핑을 파는 나라 홍콩의 1인당 국민 소득은 5만 달러가 넘어서 일본, 싱가포르와 더불어 아시아 최고 수준이 되었단다.

⭐ 가난한 사람에게만 돈을 빌려주는 그라민 은행

　방글라데시는 1971년에 파키스탄에서 분리되어 독립한 나라야. 2019년 1인당 국민 소득은 약 1900달러로 아주 가난한 나라 중에 하나지. 그렇지만 자신들을 행복한 사람이라고 생각한단다.

　1998년에 런던의 한 대학교수가 세계 54개 나라를 대상으로 국민들의 행복 지수를 조사해 발표했는데, 가장 행복 지수가 높았던 나라가 바로 방글라데시였어.

　선진국이라는 미국은 46위, 일본은 44위, 독일은 42위, 프랑스는 37위를 차지했는데 말이야. 아마도 방글라데시 사람들은 가난하지만 가까운 사람들끼리 서로 돕고 따뜻한 정을 나누며 살고 있어서 행복하다고 했을 거야.

　소박한 행복을 즐기는 나라 방글라데시에는 가난한 사람들에게만 돈을 빌려주는 이상한 은행이 있어. 미국 유학을 마치고 고향에서 대학교수로 일했던 무하마드 유누스 박사님이 세운 '그라민 은행'이야. 그라민이란, 시골 또는 마을을 뜻하는 방글라데시 말이야.

　처음에 박사님은 필요한 돈을 빌리지 못해서 어려움을 겪는 가난한 사람들에게 자신의 돈을 빌려주었어. 돈을 빌리려는 딱한 사람이 늘어나자 은행에서 대출을 받아 돈을 빌려주기도 했지.

　그런데 이들이 빌린 돈을 꼬박꼬박 갚는 것을 보고 아예 가난한 사람들에게만 돈을 빌려주는 은행을 만들기로 결심했단다.

1984년 은행을 만든 뒤, 아무런 담보 없이 한 사람에게 150달러를 빌려 주었어. '20만 원 정도로 무엇을 한담?'이라고 생각하겠지만 물가가 낮은 방글라데시에서는 이 돈이면 장사를 시작할 수 있었어.

돈을 빌렸던 6백만 명 가운데 절반이 넘는 사람들이 이 돈 덕분에 일을 작해 가난에서 벗어날 수 있었지. 보통 100명이 돈을 빌려 가면 99명이 약속대로 갚았단다.

2006년, 그라민 은행과 유누스 박사님은 '노벨 평화상'을 받았어. 이 이야기가 세상에 알려져 아프가니스탄, 카메룬을 포함한 많은 나라에서 가난한 사람들을 위한 은행이 만들어졌단다.

그라민 은행과 다른 은행의 차이점은 무엇이었을까? 보통 은행은 직업이나 재산 등을 따져 보고 갚을 능력이 없다고 판단하면 돈을 빌려주지 않아. 그래서 돈벌이가 없는 가난한 사람들은 은행에서 돈을 빌릴 수 없어.

하지만 유누스 박사님은 현재 처지보다 일하려는 의지가 중요하다고 보았어. 지금은 가난하지만 빌린 돈으로 장사를 시작해 돈을 벌게 되면 반드시 돈을 갚을 거라고 믿은 거지.

다른 곳에서 돈을 빌리기 힘든 사람들에게 우선적으로 기회를 주다 보니 돈을 빌려 간 사람의 90퍼센트 이상이 여성들이었단다.

이런 믿음에 힘을 얻은 사람들은 열심히 일을 해 돈을 벌었어. 그라민 은행은 장사 밑천을 빌려주면서 희망을 선물로 준 셈이야.

✦ 어린이는 학교로, 어른은 일터로

바투는 열두 살이지만 인도의 수도인 델리에 있는 음식점에서 웨이터로 일하고 있어. 주로 음식 나르는 일을 하는데, 영업을 시작하기 전과 끝난 시간에는 음식점 청소도 해. 열 시간도 넘게 일하고 하루에 버는 돈은 우리 돈으로 2천 원 정도야.

인도에서는 많은 어린이가 낮은 임금을 받고 일을 하고 있어. 2006년 10월, 열네 살 이하 어린이가 가정부나 하인, 호텔이나 음식점 종업원으로 일하는 것을 막는 법이 시행되었지만 아직도 일하는 어린이가 있단다.

인도는 워낙 가난한 사람이 많아서 어린이도 일을 해서 가족의 생계를 도와야 하기 때문이야.

한편, 인도는 컴퓨터와 관련된 첨단 산업의 발전으로 빠른 경제 성장이 이루어지는 나라야. 하지만 인구가 많다 보니 경제 성장의 혜택을 전혀 누리지 못하는 사람이 많아서 하루 1.90달러로 살아가는 사람이 약 2억 명 정도라고 해.

식당뿐만 아니라 카펫을 짜는 공장, 축구공을 만드는 공장 등에서도 어린이들이 일하는 모습을 흔히 볼 수 있어. 인도뿐만 아니라 파키스탄, 네팔, 미얀마 등의 사정도 마찬가지야.

이렇게 어린이들에게 싼 임금을 주고 만든 물건은 대부분 다른 나라로 수출된단다.

임금을 줄이기 위해 어린이에게 노동을 시키는 현실이 알려지면서 무조건 싼 물건만 좋아하지 말고 누가 어떤 환경에서 만든 물건인지 따져 보고 사야 한다는 사람들이 생겼어.

이들은 '어른들은 정당한 대가를 받고 일을 하고, 자라나는 어린이들은 일터가 아닌 학교에 다닐 수 있어야 한다.'고 주장했지. 어떻게 해야 그런 일이 이루어질까?

이런 일이 가능해지려면 사람들이 무조건 싼 물건만 찾지 말고 임금을 적정하게 줄 수 있는 정당한 가격을 주고 물건을 사 줘야만 해. 그래서 가난한 나라 어른들이 만든 물건을 적정한 가격을 주고 수입하는 '공정 무역'을 하려는 단체나 기업이 나타났어.

이들은 공정 무역을 통해 수입했다는 것을 알리며 물건을 팔았고, 기왕이면 이런 물건을 사자는, '착한 소비'를 하는 사람들이 조금씩 늘어나고 있어.

비록 내가 물건값을 더 치르지만 이것으로 사람과 사람, 나라와 나라 사이에 생활 수준이 맞춰지고, 그래야 사람들 사이에 갈등이 적은 좋은 세상이 된다고 믿는 거지.

⭐ 동남아시아 사람들도 빨리 잘살아야 해, ASEAN

아시아는 나라마다 인종도 다르고 문화와 종교도 다양해. 같은 대륙에 속해 있지만 동아시아와 동남아시아, 서남아시아의 나라들은 아주 다른 특색을 지니고 있어.

서로 다른 인종과 문화, 종교는 이웃 나라끼리 친하게 지내는 일에 방해가 되었어. 그래서 유럽이나 아메리카 지역처럼 아시아 전체가 서로의 발전을 위해 뭉치자는 움직임은 아직 일어나지 않았단다.

그러나 경제적 사정이 비슷한 동남아시아가 뭉치려는 움직임은 1960년대 초반부터 있었어.

1961년에 말레이시아, 필리핀, 태국이 '동남아시아연합[ASA]'을 만들었는데, 1967년 싱가포르와 인도네시아가 뜻을 같이 하면서 '동남아시아 국가 연합

ASEAN : Association of South-East Asian Nations'이 만들어졌지. 그 뒤 1984년에 브루나이를

시작으로 베트남, 라오스와 미얀마 그리고 캄보디아가 가입하면서 ASEAN아세안의 가입국은 10개로 늘어났단다.

　ASEAN의 목적은 동남아시아 나라들끼리 무역, 투자, 기술 발전을 서로 도와서 다른 지역 국가들에 비해 낮은 생활 수준을 향상시켜 보자는 거야. 1994년 1월부터 ASEAN '자유 무역 지대'를 만들고 이 지역 간의 무역에 대해서는 관세를 낮추는 등 특별한 혜택을 주고 있단다.

　관세가 수입과 수출 등의 물품에 부과하는 세금이라고 앞에서 말한 것이 기억날 거야. 세금이 높은 다른 지역의 나라와 무역하는 것보다 세금이 저렴한 ASEAN 자유 무역 지대에 속한 나라끼리의 무역에서 생기는 이익이 크다면 ASEAN 국가끼리의 무역이 늘어날 거야. 서로의 산업 발전에 도움이 되기 때문이지.

⭐ 1997년, 우울했던 아시아

진우 아버지는 1998년 2월에 직장을 잃었어. 몸담았던 회사가 문을 닫게 되었거든. 지금 운영하는 치킨 가게가 자리를 잡을 때까지 가족 모르게 눈물을 흘린 적도 있었대. 진우는 강하게만 보이는 아버지께서 눈물을 흘렸다는 사실이 믿기지 않아. 도대체 어떤 일이 일어나서 아버지를 그렇게 힘들게 한 걸까?

1997년 아시아의 여러 나라가 한꺼번에 경제적인 어려움에 빠졌단다. 우리나라가 1997년에 외환 위기를 겪었던 것도 바로 이런 일에 휘말렸기 때문이야.

만약 우리가 은행 두 곳에 예금을 했는데, 한 은행에서 이자를 아주 높게 준다고 하자. 그럼 다른 은행에 맡긴 돈을 찾아서 이자를 높게 주는 은행으로 옮기는 사람들이 있을 거야.

국제 금융 시장에도 마찬가지로 보다 높은 이익을 낼 수 있는 곳을 따라 수시로 옮겨 다니며 투자처를 바꾸는 돈이 있단다. 이런 돈을 '헤지 펀드'라고 해.

1997년 봄, 헤지 펀드를 운영하는 회사들은 태국의 돈인 바트를 팔기 시작했어. 당시 1달러가 태국 돈으로 25바트였는데, 바트의 가치가 더 낮아지고 달러에 대한 바트의 환율*이 올라갈 거라고 본 거야.

환율

서로 다른 종류의 돈을 바꿀 때 적용되는 비율. 1달러를 바꾸는 데 1,200원이 필요하면, 미국 달러에 대한 한국 원화의 환율은 1,200원이다.

통화의 가치와 환율은 반대로 움직이거든. 예를 들어 1달러가 25바트에서 35바트로 바뀌었다고 하자. 달러에 대한 바트의 환율은 올라갔어. 그런데 1달러를 바꾸는 데 전보다 10바트가 더 필요하게 되었으니까 바트의 가치는 낮아진 거야.

바트를 많이 가지고 있는데 환율이 올라가면 손해를 보게 돼. 그래서 환율이 올라가기 전에 빨리 바트를 팔아야겠다고 판단한 거야.

헤지 펀드 회사들은 바트뿐만 아니라 인도네시아 돈인 루피아, 말레이시아의 링깃 등 아시아 다른 나라의 돈도 가지고 있으면 손해를 본다고 판단했지. 그래서 이런 통화를 팔아서 달러로 바꾸기 시작했어.

1997년 가을, 홍콩 주식 시장까지 폭락하자 단기 투자를 일삼는 헤지 펀드는 물론 아시아에 장기 투자를 했던 외국 금융 회사들까지 아시아에 투자한 돈을 빼 가기 시작했어.

이런 소동은 우리나라에도 옮겨 왔지. 우리 기업이나 금융 기관에 돈을 빌려준 외국 금융 기관들이 빌려준 돈을 갚으라고 아우성쳤어.

외국에서 빌린 돈을 갚을 때는 달러와 같은 외화로 주어야 해. 그래서 외환 시장에서 외화를 산다는 수요^{어떤 것을 사려고 하는 것}가 판다는 공급^{판매 또는 교환하려고 시장에 내놓는 것}보다 훨씬 많아져 달러에 대한 원화의 가치는 하루가 다르게 떨어졌단다.

1997년 9월 말, 914원 80전이었던 환율이 11월 말에는 1,163원 80전으로 두 달 사이에 원화 가치가 27퍼센트나 떨어졌어.

빚을 갚느라 우리 기업이나 금융 기관이 가지고 있었던 외화는 바닥이 났고, 정부가 비상시를 위해 마련해 둔 외환 보유액*마저 바닥을 드러내게 되었지. 그래서 한국 정부에서는 급하게 외화를 마련하려고 IMF에서 돈을 빌려 달라고 부탁할 수밖에 없었단다.

 외환 보유액
갑자기 외국에 진 빚을 갚아야 하거나 국제 수지가 나빠질 때를 대비해 국가가 가지고 있는 외화를 말한다.

IMF는 국제 통화 기금International Monetary Fund의 줄임말로, IMF에 가입되어 있는 가맹국들이 만든 기금을 외화가 필요한 회원국에게 빌려주어 경제가 원활하게 돌아가도록 돕는 일을 하는 국제기구야.

1997년 12월, IMF는 돈을 빌려주겠다고 하면서 우리 정부에 여러 가지 요구를 했어. 그중 하나가 문제가 있는 기업을 문 닫게 만들어야 한다는 것이었지.

병든 부분을 수술해 잘라 내야만 환자가 살아나는 것처럼 나라 경제를 살리기 위해 병든 기업에 대한 수술이 필요하다고 본 거야.

그래서 아예 문을 닫거나, 비용을 줄이기 위해 직원 수를 줄였던 기업들이 셀 수 없이 많았어. 그런 기업에서 일했던 수많은 사람은 일자리를 잃었단다.

이런 고통이 시작되었던 1997년은 아시아 사람들의 기억 속에 정말 우울한 해로 남아 있어.

⭐ 친디아가 다시 일어섰다

친디아Chindia는 중국China과 인도India를 함께 일컫는 말이야. 21세기 세계 경제를 이끌어 나갈 것으로 보는 두 나라는 공통점이 많단다.

첫 번째, 인구가 많아. 2019년 기준으로 세계에서 가장 인구가 많은 중국의 인구는 14억 2천만 명이야. 두 번째로 인구가 많은 인도의 인구는 약 13억 7천만 명이야. 세계 인구가 약 77억이니까, 전 세계 인구의 3분의 1 이상이 두 나라에 살고 있는 셈이지.

두 번째, 두 나라는 앞선 기계 발명으로 유럽이 힘을 갖기 전까지는 세계에서 가장 강대한 나라에 속했어.

유럽 사람들이 중국의 비단이나 차, 인도의 향신료와 면직물 등을 몹시 좋아해서 이들 나라는 수출로 많은 돈을 벌었지. 그러나 산업 혁명으로 유럽에서 먼저 공업화가 이루어지자 모두 쇠퇴하게 되었단다.

그런데 21세기 들어 이들 나라 경제는 아주 빠른 속도로 성장하고 있단다. 한때 세계에서 가장 높은 성장률을 자랑하던 우리나라의 경제 성장률은 2000년대에 연평균 5퍼센트 미만으로 떨어졌는데, 중국과 인도는 각각 연평균 10퍼센트와 7퍼센트를 넘는 경제 성장률을 기록했어.

중국과 인도는 엄청난 인구를 바탕으로 한 값싸고 풍부한 노동력과 넓은 국내 시장 등 경제 성장에 더없이 좋은 조건을 갖고 있거든.

두 나라가 계속 이렇게 성장한다면, 2030년대에는 중국이 미국을 앞설 수도 있다고 해. 인도의 경제 규모도 2019년에 이미 세계 5위로 뛰어올랐어. 이렇게 높은 성장을 거듭하며 옛날의 경제적 위치를 다시 찾아가고 있는 두 나라가 주목을 받으면서 친디아라는 말이 생긴 거야.

닮은 점이 많지만 두 나라의 경제 구조를 살펴보면 차이점도 있어. 중국은 제조업이 두드러지게 성장을 하고 있는 데 비해, 인도는 제조업보다 서비스 산업과 정보 기술 산업에서의 성장이 두드러지지.

다시 일어나 힘찬 도약을 꿈꾸는 친디아의 기업들은 우리나라 기업들에게는 아주 힘겨운 경쟁 상대야.

우리가 잠시라도 한눈을 판다면 이미 시장을 내준 소형 가전제품이나 의류뿐만 아니라 첨단 전자 제품이나 자동차 분야까지 빼앗길지 모른다고 염려하는 이야기가 자주 들리거든. 우리도 정신 바짝 차려야 되겠지?

✦ 하늘에서 떨어진 사막 위의 도시

사막 위에 세워진 도시 두바이에 살고 있는 모하메드 라시드 가족은 오늘 스키를 타러 가기로 했어. 모래가 달아오르는 사막에 스키장이 있을리는 없고, 해외여행을 가는 걸까?

그런데 집을 나서는 가족의 옷차림이 평소와 같았어. 차를 타고 모하메드 라

시드가 도착한 곳은 두바이에서 가장 큰 쇼핑몰인 에미리트 몰이야. 여행을 떠나기 전에 스키를 타는 데 필요한 물건을 사려는 것일까? 아니야. 바로 이 쇼핑몰 안에 스키 두바이라는 실내 스키장이 있어서 이곳으로 스키를 타러 온 거야.

축구장 세 개 크기인 스키장 안에는 6천 톤의 인공 눈을 뿌려 스키를 탈 수 있도록 만든 다섯 개의 슬로프가 있어. 슬로프의 최대 길이는 450미터, 최고 높이는 85미터이고 실제 스키장과 마찬가지로 리프트도 설치되어 있지.

이곳에서는 스노보드와 눈썰매까지 즐길 수 있어. 스키 장비와 스키복도 빌릴 수 있어서 평소 옷차림으로 찾아가도 언제든지 스키를 탈 수 있단다.

두바이에는 실내 스키장뿐만 아니라 유명한 현대 건축물들이 많아. 그중 가장 대표적인 것이 인공으로 만든 섬 위에 세워진 버즈 알 아랍 호텔이야. 1999년에 완성된 이 호텔은 아랍 돛단배 모양의 아름다운 디자인과 호화스러운 실내 장식으로 두바이를 세계에 알리는 데 아주 중요한 역할을 했단다.

그때까지 두바이는 별로 알려진 곳이 아니었어. 설사 안다고 해도 모래사막과 진주잡이 어촌을 떠올리는 사람들이 대부분이었지. 그런데 세계적인 부자들이 이 호텔에서 휴가를 보내는 것이 알려지면서 두바이는 갑자기 유명한 도시가 되었어.

현재 두바이는 이 지역에서 가장 유명한 국제 무역항이 되었어. 뿐만 아니라 아랍에미리트* 대부분의 은행과 보험 회사들의 본사가 있는 금융의

아랍에미리트

1971년 아부다비, 두바이, 샤르자, 아지만, 움 알 카이와인, 라스알카이마, 알푸자이라 등 7개국이 영국으로부터 독립하기 위해 연방을 결성해 이루어진 국가다.

중심지야.

사막의 도시 두바이의 변신은 너무 빨리 이루어져서 모든 것이 사람이 계획하고 만들었다기보다 어느 날 하늘에서 뚝 떨어졌다고 착각할 정도야.

그런데 전기 시설과 현대식 호텔, 통신소, 병원, 국제공항 등 새로 들어선 모든 시설을 세우는 데 필요한 어마어마한 돈은 어디에서 생긴 걸까? 사막에 황금 광산이 있었던 것도 아닐 텐데 말이야.

사실은 황금을 찾은 거나 마찬가지야. 1966년, 검은 황금인 석유가 두바이 바다에서 발견되었으니까. 두바이는 1969년부터 석유 생산을 시작했고 이를 수출해 번 돈으로 새로운 변신을 시도했단다. 이런 변신의 성공으로 지금은 석유뿐만 아니라 무역, 금융 그리고 관광으로도 많은 돈을 벌어들이고 있어.

이웃한 아부다비는 두바이보다 석유 매장량이 10배나 많지만 경제 발전은 두바이만큼 이루지 못했어. 그러니까 자연환경의 혜택과 함께 인간의 의지와 노력이 더해져서 변신에 성공한 거야.

두바이를 대표하는 최고의 명물은 세계에서 가장 높은 건물인 '부르즈 할리파'야. 건물을 지을 때는 '버즈 두바이'로 불렸는데, 2010년 개장하면서 아랍어로 탑을 뜻하는 '부르즈'에 아랍에미리트 대통령인 '할리파 빈 자이드 알나하얀'의 이름을 딴 새로운 명칭을 가지게 되었단다. 이 건물은 높이가

828미터에 무려 163층이나 된다고 해.

  우리나라는 언제 그런 건축 기술을 갖게 될지 궁금하다고? 하하, 놀라지 마. 이 건물 공사를 맡은 기업은 바로 우리나라의 삼성물산이라는 회사야. 그러니 기술이 없어서 우리나라에 그런 건물을 세우지 못하는 것은 결코 아니란다.

2. 유럽 이야기

유럽은 오세아니아 다음으로 작은 대륙이야. 하지만 일찍부터 문화가 발달했고, 세계에서 가장 빨리 공업화가 이루어져 근대에는 경제적으로 가장 부유했던 지역이었어. 지금도 세계에서 아주 부유한 지역에 속하지.

동유럽은 러시아와 그 주변 국가들로 이루어졌고, 서유럽에는 영국, 프랑스, 독일, 네덜란드, 룩셈부르크, 스위스, 오스트리아, 벨기에와 같은 소득 수준이 높은 나라들이 모여 있어. 남유럽은 유럽 문명의 발상지였던 그리스와 이탈리아, 16세기 세계를 주름잡았던 스

페인, 포르투갈 등이 자리 잡고 있어. 덴마크, 스웨덴, 노르웨이, 핀란드, 아이슬란드 등이 위치한 북유럽은 사회 복지가 세계에서 가장 발달한 곳이란다.
20세기에 들어 유럽이 두 차례의 세계 대전을 치르는 동안 세계 경제의 중심이 미국으로 옮겨 갔어. 또한 동유럽은 자본주의가 아닌 사회주의 경제 체제를 택해, 1991년 소련이 붕괴되기 전까지 정치 경제적으로 다른 길을 걸었지. 지금은 유럽 연합을 중심으로 뭉친 여러 나라들은 단일 화폐인 유로화를 사용하고 경제적으로 하나의 시장을 이루고 있어.

✱ 뱃길 탐험으로 세계 경제의 중심에 선 유럽

　중세까지만 해도 아시아에 비해 경제적으로 뒤처졌던 유럽이 세계의 중심으로 떠오르게 된 이유는 새로운 뱃길을 찾아 나서는 데 앞서갔기 때문이야. 이러한 일의 선두에 섰던 나라는 스페인과 포르투갈이었어.
　스페인 여왕과 포르투갈의 왕은 이탈리아나 아랍 등 중간 상인^{생산자와 소비자 사이에서 상품을 대 주고 팔고 하는 상인}들을 거치지 않고 아시아와 직접 무역하기를 원했어.

그래서 대서양을 통해 인도로 직접 가는 뱃길을 찾으려는 탐험가들을 도와주었지.

콜럼버스의 아메리카 대륙 발견이나 마젤란의 세계 일주도 이런 과정에서 이루어졌단다. 사실 마젤란은 세계 일주를 마치지 못했어. 1519년 8월, 승무원 265명을 이끌고 스페인의 세비야항을 떠났는데, 1521년 필리핀의 막탄섬에서 원주민들과 전투를 벌이다가 대부분의 선원과 함께 죽고 말았어. 1522년 9월, 살아남은 선원 16명이 세비야항으로 돌아오면서 최초의 세계 일주가 이루어졌지.

탐험 결과 새로운 뱃길이 알려졌고, 그로 인해 상품 교역이 매우 활발해졌어. 전에는 지중해를 중심으로 활동하던 이탈리아가 상업의 주도권을 가졌지만 새로운 뱃길 개척으로 스페인과 포르투갈이 상업의 주도권을 쥐게 되었단다.

유럽 사람들은 유럽의 4배에 달하는 아메리카 대륙을 황금의 땅으로 생각했어. 신대륙 정복에 앞장섰던 스페인이 멕시코에서 엄청나게 많은 금과 은을 들여오자 주위 국가들도 이곳에 눈독을 들였어. 그래서 아메리카 대륙은 스페인, 포르투갈, 프랑스 등 유럽 국가들의 식민지가 되었지. 새로운 뱃길 탐험이 유럽을 세계 경제의 중심에 서게 만들어 주었다고 할 수 있어.

새로운 뱃길을 발견한 뒤 서로 떨어져 있던 대륙들끼리 교류가 활발해져서 세계 무역은 빠르게 늘어났고 교역 상품의 종류도 더욱 다양해졌단다.

유럽 사람들은 아시아로부터 들여왔던 향료, 도자기 그리고 마시는 차와 비단을 더 많이 수입하게 되었어. 또한 신대륙에서 자라던 감자, 고구마, 옥수수, 코코아 등이 유럽에 소개되어 먹을거리의 종류가 다양해지고 식탁은 훨씬 풍성해졌단다.

★ 풍차 속에 담긴, 자연을 바꾼 의지

'신이 자연을 창조했다면 네덜란드는 네덜란드 사람들이 창조했다.'는 말이 있단다. 네덜란드는 13세기부터 16세기 후반까지 바다를 메워 육지를 만드는 간척 사업으로 국토를 넓혔기 때문이야.

그러다 보니 네덜란드 국토의 3분의 1 정도는 바다보다 낮아서 조금만 주의를 게을리하면 땅이 물에 잠기게 돼. 그래서 둑을 쌓아 배수나 운하 관리에 세심한 주의를 기울여 왔지.

낮은 곳에 있는 물을 끌어올려 둑 바깥으로 내보내는 데 이용되었던 풍차도 이런 대책 중에 하나였단다. 전국에 약 9천 개나 되는 풍차가 있기도 했어.

19세기에 들어 증기 기관이 발명되면서 바람의 힘을 빌리지 않고도 물을 퍼낼 수 있게 되자 풍차는 줄어들기 시작했어. 하지만 과거 유물에 대한 관심이 높아지면서 남아 있던 풍차를 보존하기로 했어. 그래서 지금도 풍차는 네덜란드를 대표하는 상징물이란다.

국토의 모습을 바꿀 정도의 강인함은 무역 활동에서도 그대로 나타났어. 16세기 후반부터 17세기 중반까지 네덜란드는 유럽과 아시아와의 무역을 거의 독점했고, 유럽에서 가장 부자 나라가 되었단다.

무역이 늘어나면서 네덜란드에서는 상품을 일시적으로 보관하는 창고업과 같은 새로운 산업이 생겨났고, 여러 사람으로부터 자본을 모아 회사를 만드는 주식회사도 생겼어. 세계 최초의 증권 거래소도 유럽 금융 시장의 중심지였던 암스테르담에서 문을 열었지.

바다보다 낮은 국토를 풍차로 지켰던 정신은 아직도 네덜란드 사람들 가슴속에 살아 있어. 그래서 네덜란드의 인구는 1천7백만 명밖에 되지 않지만 쉘, 필립스, 유니레버, 하이네켄 등 유명한 다국적 기업의 본사가 많아. 다국적 기업이란, 세계 시장을 겨냥해 생산과 판매를 하기 위해 여러 나라에서 회사를 경영하는 기업이야.

이렇게 세계적인 기업이 많으니까 돈도 많이 벌어서 네덜란드는 세계에서 소득 수준이 가장 높은 나라 중 하나란다.

✦ 박물관으로 탈바꿈한 세계 최초의 기차역

　사람들은 대부분 자기가 살고 있는 고장을 자랑스럽게 생각하지만 영국 맨체스터 사람들의 자기 고장에 대한 자부심은 어느 지역보다도 대단하단다.

　맨체스터 사람들이 자랑으로 내세우는 것 중에 하나는 프로 축구팀 맨체스터 유나이티드야. 박지성 선수 때문에 우리에게도 잘 알려진 맨체스터 유나이티드는 이곳 사람들뿐만 아니라 모든 영국인이 자랑하는 축구팀이지.

　또 다른 자랑거리는 세계 최초의 기차역을 개조해 만든 산업과학박물관이란다. 이 기차역은 1830년 세계 최초로 맨체스터와 리버풀 사이의 철도가 개통되었을 때 만들어진 거야. 이 박물관에는 산업 발달의 역사를 보여 주는 세계 최초의 물건들이 가득 전시되어 있어.

　화물 창고를 개조한 동력관에서는 산업 혁명의 원동력이 되었던 증기 기관의 발달 과정을 상세히 볼 수 있어. 이곳에는 지금은 사라진 면 방직기와 증기 기관차가 아직도 움직이고 있단다. 바닥에는 옛날 철로가 그대로 깔려 있고 커다란 기관차가 시끄러운 소리를 내며 힘차게 나아가지.

　산업과학박물관에서는 과거 모습만 볼 수 있는 것이 아니야. 비행기에서 우주 왕복선까지, 영국의 항공 역사를 만든 물건들이 전시된 항공우주전시관에서는 미래 우주 산업까지 추측해 볼 수 있어.

　18세기 말 일어났던 산업 혁명 덕분에 영국은 19세기 세계 제일의 공업국이 되었어. 기계가 발명되기 전에는 생활에 필요한 물건들이 작은 규모의 작업장에서 간단한 도구를 이용해 만들어졌지. 새로운 기계들이 발명되자 기계 시설을 갖춘 공장들이 생기게 되었어.

이러한 기술 발전으로 산업의 기초가 수공업 작업장에서 기계 시설을 갖춘 큰 공장으로 바뀌게 된 것을 산업 혁명이라고 해.

산업 혁명에 불을 지핀 것은 1781년에 발명된 와트의 증기 기관이야. 증기 기관은 석탄에서 얻은 에너지를 기계를 움직이는 데 필요한 에너지로 바꾸어 주는 기관이란다. 산업 혁명이 일어났을 당시는 면직물이 많이 필요했던 때라 자동 베틀이 가장 먼저 발명되었어.

자동 베틀을 사용하면 기구를 이용해 손으로 베를 짜는 것보다 훨씬 빠르

게 옷감을 짤 수 있어. 옷감 생산량이 늘어나니까 이를 만드는 데 필요한 실이 많이 필요했지. 그래서 실을 만드는 기계가 발명되었단다.

이어서 기계를 만드는 데 필요한 철을 만드는 철강 공업이 발달하고, 기계를 움직이는 연료인 석탄과 관련된 공업도 발달했어. 생산이 급속하게 늘어나면 생산 원료와 만들어진 제품을 운반하는 일도 많아져서 운송 수단도 발달하게 돼.

그래서 1830년 세계 최초의 기관차가 맨체스터의 캐슬필드역에서 역사적인 운행을 시작했단다. 이는 지구촌에서 철도 시대를 여는 계기가 되었어.

농경과 목축으로 경제의 역사가 시작된 뒤 가장 획기적인 사건은 농업 사회에서 공업 사회로의 변화를 이끌어 낸 산업 혁명이란다. 그러니까 맨체스터 사람들이 산업 혁명의 역사를 고스란히 간직한 산업과학박물관에 대해 자부심을 갖는 것은 당연하겠지?

★ 노동자의 일자리를 빼앗는 기계를 부숴라!

새로운 기계들이 발명되어 많은 상품이 만들어지자 보통 사람들도 전에는 비싸서 엄두도 못 내던 물건들을 가질 수 있게 되었어. 하지만 기계의 발명을 모든 사람이 반겼던 것은 아니란다. 기계 덕분에 수십 명이 하던 일을 한 사람이 할 수 있게 되자 노동자들은 불안해졌어.

19세기 초까지 영국 중부 노팅엄에는 양말을 만드는 작업장이 많았어. 그런데 자동 직물 기계의 발명으로 기계를 이용해 양말을 만들게 되자 일자리를 잃고 생계의 위협을 받게 된 노동자들이 많아졌단다.

1811년, 생활이 어려워져 희망을 잃은 이곳의 노동자들은 자기들이 계속 일을 하려면 양말과 레이스를 짜는 기계를 부숴 버려야 한다고 생각했어.

이런 움직임은 이듬해 다른 지역으로도 번져서 영국 북부의 옷감 공장에서도 기계를 부수는 운동이 벌어졌단다. 정부에서는 법으로 기계를 부수는 일을 금지하고 이를 막기 위해 군대까지 동원했지. 1816년, 기계 파괴 운동을 이끌었던 17명이 사형에 처해지면서 운동은 막을 내리게 되었단다.

노동자들이 뜻하는 바를 얻기 위해 생산 수단을 파괴하는 일은 예전에도 있었어. 하지만 이 시기처럼 기계 파괴 운동이 조직적으로 크게 일어났던 적은 없었단다.

★ 프랑스를 알릴 기념물을 세우자

파리 여행객들 대부분은 에펠탑을 배경으로 사진을 찍어. 에펠탑은 파리를 대표하는 건축물이거든. 1889년 프랑스 정부는 프랑스 혁명 100주년 기념 박람회를 계획하면서 기념 건축물 설계안을 공모했어.

　100여 점의 설계안 중 가장 눈길을 끈 것은 다리 건설 기술자였던 구스타브 에펠의 설계안이었지. 그는 높이가 약 300미터인 세계에서 가장 높고 지금까지 볼 수 없었던 특이한 모습의 건축물을 설계했어. 특이한 건 탑의 모습뿐만 아니라 탑을 완성시키는 데 걸리는 시간이 1년도 되지 않는다는 거야.

　강도 높은 철을 재료로 사용한 에펠탑은 각 부분을 뜨겁게 달군 못을 끼워 넣어 망치로 두드리는 방법으로 만들어졌어. 탑의 각 부분은 1.5킬로미터 떨어진 공장에서 조립해 짐마차에 실어 건설 현장까지 운반되었지.

　에펠탑에는 약 6천4백 톤에 이르는 1만 8천여 개의 금속 부품과 250만 개의 못이 사용되었단다.

　건축에 참여한 기술자들은 에펠탑이 '과학과 산업의 승리'라고 자랑스러워했지. 그러나 소설가 모파상이나 작곡가 구노 등 예술가들은 '공장의 굴뚝 같은 형태의 공업 기술을 예술 도시 파리에 끌어들인 졸작'이라고

악평을 했어.

파리 만국 박람회 기간 중에 세계 각국에서 몰려온 6백만 명의 관람객들은 에펠탑을 보고 감탄했어. 에펠탑 덕분에 프랑스는 철강 산업에서 프랑스가 차지하는 위치를 세계에 알릴 수 있었단다.

에펠탑은 20년 동안만 빌린 장소에 세워 두고, 1910년에 해체될 예정이었어. 그러나 많은 파리 시민이 에펠탑을 그대로 두어야 한다고 주장했어.

사실은 에펠탑이 지금까지 남아 있게 된 것은 사람들의 사랑이라기보다는 무선 통신 기술 때문이었지. 에펠탑 꼭대기에 대서양을 넘나드는 전파를 쏘아 대는 무선 안테나가 설치되어 함부로 철거할 수 없었단다.

그 뒤 에펠탑에는 새로운 통신 기술이 발명될 때마다 각종 첨단 장비가 설치되었어. 1918년에는 라디오 방송을 위한 장치, 1957년에는 텔레비전 안테나를 설치했는데, 현재는 기상 관측 장비와 항공 운항 장비까지 설치되어 있단다.

에펠탑은 철강 기술로 태어났고, 무선 통신 기술로 수명을 연장할 수 있었어. 이제 에펠탑을 해체해야 한다고 말하는 프랑스 사람은 찾아보기 힘들어.

오늘날 프랑스 주요 산업 가운데 하나는 관광 산업인데, 프랑스를 상징하는 가장 대표적인 건축물인 에펠탑이 관광객을 끌어모으는 데 중요한 역할을 하고 있으니까 말이야.

⭐ 해마다 만나는 한국 아저씨

"막시밀리안, 1년 사이에 키가 훌쩍 자랐구나!"

막시밀리안이 서울에 사는 김동수 아저씨를 처음 만난 것은 5년 전이었어. 프랑크푸르트 도서 박람회를 찾았던 아저씨는 아들을 위한 선물을 사려고 막시밀리안의 아버지가 운영하는 장난감 가게에 들렀어. 마침 가게에 있었던 막시밀리안이 선물 고르는 것을 도와드렸지.

다음 해 아저씨는 막시밀리안에게 줄 선물을 가지고 다시 찾아오셨단다. 아버지께서는 아저씨를 저녁 식사에 초대했고, 두 사람은 친구가 되었지. 아저씨는 해마다 도서 박람회가 열릴 때면 프랑크푸르트를 방문한단다. 이번에 아저씨는 가장 근사한 선물을 주셨어. 막시밀리안 가족을 한국으로 초청하고 싶다는 거였어. 막시밀리안은 신이 났어.

"야호! 책으로만 본 아시아를 직접 볼 수 있다니, 꿈만 같아."

프랑크푸르트 공항은 유럽을 대표하는 공항이고, 프랑크푸르트역은 24개 철로에 1천8백 대의 열차가 만나는 유럽에서 가장 붐비는 기차역 가운데 하나란다.

교통이 발달한 프랑크푸르트에서 외국인을 보는 일은 전혀 신기하지 않아. 이 도시에서는 '도서 박람회'뿐만 아니라 '자동차 부품 박람회', '문구선물용품 박람회', '악기 박람회', '조명 건축 박람회', '소비재 박람회' 등 유명한 국제 박람회가 끊임없이 열린단다.

이런 박람회 전시 업체의 60퍼센트는 국외 업체이고, 박람회 방문객의 약 30퍼센트가 다른 나라 사람이야. 그래서 항상 외국인들로 북적거리지. 보통 사람들은 한번 온 도시를 다시 찾는 일이 드물지만 매년 열리는 박람회에는 해마다 같은 시기에 다시 방문하는 사람이 많아.

시내에 호텔방이 2만 4천 개나 되지만 방을 구하기가 어려워서 박람회가 끝나고 돌아갈 때 다음 해 묵을 숙소를 미리 예약하고 가기도 한단다.

프랑크푸르트뿐만 아니라 하노버, 라이프치히, 뮌헨 등 독일의 큰 도시에서는 국제 박람회가 많이 열려. 세계 국제 박람회의 약 70퍼센트가 열리는 독일은 박람회를 통해 외화를 가장 많이 벌어들이는 나라란다.

지리적으로 유럽의 중심부에 위치한 독일에서는 12세기 중엽부터 이웃 나라들과 상품을 사고팔기 위해 견본 전시회가 개최되었어. 이런 전시회가 1240년부터 유럽에서 국제적인 규모로 열리기 시작했어.

신성 로마 제국의 황제였던 프리드리히 2세는 유럽 중심부에 위치한 프랑크푸르트에 박람회 전시장을 만드는 것을 허락했고 박람회를 보러 온 상인들을 보호해 주었단다.

황제의 보호 아래 상인들은 현재의 뢰머 광장에 만들어진 전시장에서 박람회를 열었고 자유롭게 상품을 거래했어.

이러한 박람회를 독일에서는 '메세Messe'라고 한단다. 메세는 독일어로 천주교에서 보는 미사를 뜻하기도 해. 초기 박람회가 가장 많은 사람이 미사를 보러 오는 교회 축제 기간에 열렸기 때문에 박람회가 메세라는 이름으로 불리게 되었단다.

✦ 돈을 바꿀 필요가 없어

막시밀리안의 가족은 1년에 한 번씩 유럽 다른 나라에서 휴가를 보내. 유럽에서는 외국 여행이 그리 대단한 일은 아니야. 자동차나 기차를 타고 쉽게 다른 나라로 갈 수 있으니까.

휴가 전에 부모님은 여행지에서 쓸 외국 돈을 미리 바꾸었어. 하지만 이제는 그럴 필요가 거의 없단다.

왜냐하면 2002년 1월 1일부터 유럽 연합 15개 회원국 중 영국, 스웨덴, 덴마크 등 3개 나라를 뺀 벨기에, 독일, 그리스, 스페인, 프랑스, 아일랜드, 이탈리아, 룩셈부르크, 네덜란드, 오스트리아, 포르투갈, 핀란드 등 12개 나라가 모두 유로Euro라는 같은 돈을 사용하기 때문이야. 그리고 그 뒤로 슬로베니아, 몰타, 키프로스, 슬로바키아까지 유로를 사용하기 시작해 2019년 현재 유로화를 사용하는 공식 회원국은 19개국이야. 유럽 연합 회원국은 아니지만 모나코, 안도라, 코소보, 바티칸시국처럼 자기 나라 화폐를 발행하지 않고 유로화를 공식 화폐로 택한 나라도 있어.

어떻게 서로 다른 나라끼리 같

은 돈을 사용하게 되었을까? 1991년 12월 10일, 네덜란드 마스트리흐트에서 유럽 공동체*에 속한 나라의 대통령과 수상들이 만났단다. 이들은 유럽 국가가 발전하려면 한 나라처럼 움직여야 한다는 데 의견을 모았어.

유럽 공동체

EC, 유럽 경제 공동체, 유럽 원자력 공동체, 유럽 석탄 철강 공동체 등을 통틀어 이르는 말이다.

다음 해 2월, 외무부 장관들이 모여서 유럽이 한 나라처럼 되기 위해 필요한 일을 논의하고 '마스트리흐트 조약'을 맺었단다. 이 조약으로 유럽 공동체는 유럽 연합EU으로 발전했어.

그들은 유럽 중앙은행을 만들고 서로 같은 돈을 사용하기로 했고, 이 돈의 이름을 '유로'로 정했어. 영국, 스웨덴, 덴마크는 부득이한 사정으로 유로 사용에 참여하지 못했지만, 3년이라는 시험 기간을 거친 뒤 2002년 1월 1일부터 유럽 12개 나라에서 유로를 사용하게 되었단다.

유로 지폐의 앞면 도안은 문이나 창문 같은 건축 양식이고, 뒷면 도안은 다리야. 문이나 창문은 미래로 나아간다는 뜻이고, 다리는 나라와 나라를 연결한다는 의미를 담고 있어. 문과 다리를 도안으로 결정하자, 나라들마다 서로 자기 나라의 문이나 다리가 들어가야 한다고 주장했어. 그래서 공평하게 유명한 건축 양식을 토대로 새로운 도안을 만들기로 했단다.

5유로 지폐는 그리스 로마 양식, 10유로 지폐는 로마네스크 양식, 20유로 지폐는 고딕 양식, 50유로 지폐는 르네상스 양식, 1백 유로 지폐는 바로크와 로코코 양식으로 정했어. 2백 유로 지폐는 강철과 유리를 사용한 건축물, 5백 유로 지폐는 20세기 후반 현대 건축물을 도안으로 정했단다. 1, 2, 5,

10, 20, 50센트와 1, 2유로 등 8종류의 동전 뒷면 도안은 유럽 연합의 상징인 12개의 별과 유럽 지도야.

유로화를 사용하는 12개 나라는 경제 통합을 위해서 유로화를 사용하기로 했지만 정들었던 자기 나라 돈을 사용하지 못하니까 한편으로는 섭섭했어. 그래서 동전 앞면은 나라별로 독자적인 도안을 선택할 수 있게 했단다.

독일은 독수리 문장과 브란덴부르크 문, 프랑스는 씨앗을 뿌리는 여자와 자유의 상징인 마리안느 두상, 벨기에는 국왕 알버트 2세, 아일랜드는 하프, 네덜란드는 여왕 베아트릭스 등 예전 돈에 사용되었던 도안을 택했어.

그리스, 이탈리아, 오스트리아처럼 새로운 소재를 택한 나라도 있어. 그러나 어느 나라 동전이든지 모두 '유로 존Euro Zone, 유로화를 도입해 사용하는 국가나 지역'에서 사용할 수 있단다.

⭐ 여기도 관광객, 저기도 관광객

로마 여행 마지막 날, 로마를 떠나는 것을 못내 아쉬워하는 막시밀리안에게 트레비 분수 앞에서 어머니께서 말씀하셨어.

"뒤로 돌아서서 동전을 던져. 그럼 로마를 다시 찾을 수 있대."

정말 많은 관광객이 트레비 분수 앞에서 동전을 던지고 있었어.

이탈리아를 찾는 관광객들이 가장 많이 찾는 도시는 찬란한 로마 제국의 문화유산이 남아 있는 로마지만 이탈리아에는 볼거리가 넘쳐 나는 다른 도시가 많아. 북부 이탈리아의 피렌체, 밀라노, 베네치아도 관광객들에게 인기 있는 도시란다.

토스카나 지방의 중심지인 피렌체는 역사 지구 전체가 1982년 유네스코^{국제 연합 교육과학 문화 기구}에 의해 세계 문화유산으로 등록되었어. 두오모 광장을 중심으로 꽃의 성모 마리아 성당과 산지오바니 세례당, 조토의 종탑, 단테의 생가, 시뇨리아 광장과 베키오궁, 베키오 다리 그리고 미켈란젤로 광장까지 시내 중심지에 르네상스 시대의 많은 예술 작품과 건축물들이 남아 있거든.

북이탈리아 공업 지대 중심 도시인 밀라노는 예로부터 경제의 중심지였어. 밀라노 중심가는 전통 있는 유명 카페와 상점들이 줄지어 있는 거대한 아케이드지. 세계적 명성을 지닌 밀라노 패션쇼가 열리는 곳으로 파리와 함께 세계 유행을 이끌어 내는 도시란다.

베네치아는 9세기에서 15세기에 걸쳐 지중해 무역의 중심지였던 곳으로 120개 정도의 작은 섬들이 150개의 운하로 연결되어서 '바다의 도시'라고도 해. 산마르코 성당과 두칼레 궁전, 아카데미아 미술관 등이 유명하지.

이 도시들이 오늘날까지 세계인의 사랑을 받는 것은 르네상스 덕분이기도 해. 르네상스란, 중세 암흑 시대를 지나 14~16세기에 걸쳐서 유럽에서 그리스 로마의 학문과 문화가 다시 살아난 것을 말해. 르네상스 시대에 가장 경제적으로 융성하고 문화가 발달했던 나라는 이탈리아였어.

이탈리아는 언제나 로마 제국과 르네상스 시대의 수많은 건축물과 예술품을 보기 위해 몰려온 관광객들로 넘쳐 나. 이탈리아는 이런 유적 덕분에 굴뚝 없는 산업이라고 불리는 관광 산업으로 세계에서 가장 많은 돈을 벌어들이고 있단다.

✦ 7박8일 동안 기차를 타고 달린다

안나 페소노바는 러시아 동쪽 항구 도시 블라디보스토크에서 기차를 타고 이르크추크로 가는 중이야. 어젯밤 하늘 가득히 떠 있는 별을 보다가 늦게 잠이 들었지만 일찍 잠이 깼어.
창에 가득히 맺힌 성에를 닦아 내자 창밖으로 눈 덮인 시베리아 벌판과 끝없이 펼쳐진 하얀 자작나무 숲이 보였어.
처음 이틀은 그림 같은 풍경을 보고 즐거워했는데, 이제 기차 타는 일이 지겨워졌어. 기차로 블라디보스토크에서 이르크추크까지는 무려 74시간이나 걸려. 몸이 불편해지자 빨리 목적지에 도착하면 좋겠다는 생각만 드는 거야.
'지루함을 이기려면 맛있는 것을 먹는 게 최고야. 오늘 아침은 무엇을 먹을까?'
망설였지만 선택은 역시 열차 손님들 사이에서 가장 인기 있는 한국산 컵라면이야.

블라디보스토크에서 모스크바까지 기차를 타면 무려 7박8일이나 걸릴 정도로 광활한 지역이야. 총면적이 아시아 대륙의 4분의 1인 시베리아는 지구 전체 침엽수림 지역의 절반이 차지하고 있는 곳이야.

시베리아 횡단 철도는 단일 철도 시스템으로는 세계에서 가장 길고, 유럽과 아시아를 이어 주는 지구의 동맥과도 같은 철도란다.

철도의 길이는 9,288킬로미터로 서울과 부산을 이어 주는 경부선의 20배이고 지구 둘레의 4분의 1이나 돼.

전 구간을 여행한다면 지역들 사이의 시간 차이^{시차} 때문에 시간대에 따라 시계의 시각을 7번이나 바꿔야 한단다.

이 철도의 출발지이자 반대로 달려오면 종착역인 블라디보스토크는 러시아어로 '동방을 지배하라'라는 뜻이야.

러시아는 북극과 가까운 곳에 위치하고 있어 겨울이면 대부분 항구가 얼어. 그래서 얼지 않는 항구를 확보해 동방을 지배하겠다는 꿈을 이루려고 모스크바와 상트페테르부르크 사이의 철도를 태평양까지 연장하는 시베리아 횡단 철도 건설을 계획한 거야.

1891년 공사가 시작되었는데 황무지와 얼어붙은 땅, 바이칼 호수 등 자연환경 때문에 난관에 부딪혀 1916년에야 철도가 완성되었지.

이 철도의 등장으로 지구상에서 가장 풍부한 자원을 가지고 있는 시베리아는 본격적으로 개발되기 시작했어. 철로를 따라 도시가 발달하게 되었고, 도시에는 대학, 도서관, 극장 등이 세워졌단다.

✦ 키예프에 새로 생긴 시장

우크라이나는 러시아 서부 흑해 연안에 위치하며, 폴란드·헝가리·루마니아에 둘러싸여 있단다. 동유럽에서 인구가 가장 많고, 러시아 다음으로 유럽에서 국토가 넓은 나라야. 국토의 거의 절반이 흑토라고 불리는 비옥한 땅이어서 유럽의 곡창 지대로 유명하단다. 우크라이나의 수도 키예프의 시장에 가면 갖가지 곡식과 채소, 과일뿐 아니라 이런 재료로 만든 풍성한 밑반찬까지 진열되어 있어.

타타아니 할머니가 키예프에서 가장 좋아하는 곳은 바로 이 시장이야. 할머니는 아직도 돈만 주면 원하는 물건을 마음대로 살 수 있다는 사실이 믿기지 않을 때가 있어.

키예프 공국은 9세기 무렵 동슬라브족이 세운 최초의 나라였지만 11세기부터 오랜 세월 동안 주변 강대국들의 지배를 받았어. 1918년 키예프 지역을 포함한 우크라이나 지역은 러시아를 견제했던 독일 덕택에 우크라이나 공화국으로 독립할 수 있었지.

그런데 제1차 세계 대전에서 독일이 패배하자 1920년 러시아는 또 우크라이나를 점령했고, 1922년 12월 소비에트 사회주의 공화국 연방소련의 창립 회원국이 되었어. 1991년 소련이 붕괴되면서 우크라이나는 다시 독립 국가가 될 수 있었단다.

소련은 사회주의 국가였어. 사회주의란, 개인의 재산을 인정하지 않고

 모든 사람이 함께 생산에 참여하고 생산물은 공평하게 나누는 제도야. 국가에서 모든 생산과 분배를 관리하므로 물건을 사고파는 곳인 시장이 필요 없단다.
 우크라이나가 소련에 속해 있었을 때 사람들은 협동 농장에서 일을 하고 식량 배급소를 통해 먹을거리를 배급받았어. 그러니까 돈이 있어도 물건을 살 수가 없었지.
 그 시절 타타아니 할머니의 소원은 먹고 싶은 음식을 실컷 먹어 보는 것이었어.

그런데 할머니는 소원을 이룰 수 있었단다. 우크라이나가 독립 국가가 되면서 키예프에 시장이 생긴 거야. 새로 생긴 시장에는 언제나 먹을거리가 넘쳐 나고, 돈만 있으면 마음껏 사고 싶은 것을 살 수 있게 되었어.

할머니는 특별히 살 물건이 없어도 시장 구경을 갈 때가 있어. 시장에서 흥정하는 사람들을 보는 일이 재미있거든. 물건을 파는 사람은 조금이라도 비싼 값에 팔려고 하고, 사는 사람은 조금이라도 싼값에 사려고 해.

이들이 서로 만족할 때까지 흥정을 하다 보면, 저절로 물건값이 정해져. 파는 사람이 물건값을 비싸게 부르면 사는 사람이 줄어들어. 그럼 가격은 자연스럽게 내려갈 거야. 반대로 사는 사람이 싸게 사려고 하면 파는 사람이 줄어들어서 가격은 저절로 올라가게 돼.

물건값에 따라 사고파는 물건의 양이 달라져서 시장에서 물건값과 팔리는 물건의 양이 결정되는 것이 '시장의 원리'야. 처음 시장이 생겼을 때 할머니에게는 이러한 모든 것이 무척 신기하게 느껴졌단다.

⭐ '배 속에서 무덤까지' 보살펴 주는 나라

소피아는 삐삐를 만나서 놀 때가 가장 즐거워. 삐삐가 사는 집은 스웨덴 최고의 어린이 박물관인 유니바켄 안에 있어. 소피아뿐만 아니라 스웨덴에는 삐삐를 좋아하는 어린이들이 아주 많아서 유니바켄은 언제나 어린이들로 북적거리지. 이곳에는 삐삐뿐만 아니라 스칸디나비아 어린이 책에 나오는 다른 주인공들도 많아. 소피아는 유니바켄과 같은 환상적인 어린이 박물관이 있는 나라에서 태어난 것을 항상 감사하게 생각한단다.

소피아뿐만 아니라 스웨덴에 살고 있는 사람들은 거의 모두 자신들이 스웨덴 국민이라는 것을 행운이라고 생각해. 왜냐하면 스웨덴은 세계에서 복지 제도가 가장 발달한 나라거든.

배 속에서 무덤까지 나라에서 보살펴 주니까 먹고사는 일을 걱정할 필요가 없어. 아프면 나라에서 치료를 해 주고, 직장을 잃으면 나라에서 생활비를 주고, 교육은 모두 무료라 초등학교와 중학교는 물론이고 고등학교와 대학교도 등록금을 내지 않고 다닐 수 있어.

다른 나라에 비해 국민들의 기본적인 생활을 국가에서 해결해 주니까, 정부는 많은 돈이 필요해.

그런데 스웨덴은 이렇게 많은 돈을 어떻게 마련하는 걸까? 모두 국민들이 낸 세금으로 이런 일을 하는 거야. 그래서 스웨덴은 세금을 많이 내는 것으로도 유명한 나라야. 스웨덴 사람들은 벌어들이는 돈의 절반 이상을 세금으로 낼 정도로 세금을 아주 많이 낸단다.

대부분의 사람은 모든 어려움을 국가가 해결해 주니까 이런 제도를 좋아해. 하지만 열심히 일해서 돈을 많이 벌면 세금이 더 늘어나니까 열심히 일하기보다는 그냥 편안하게 사는 것을 택하는 사람도 많아.

또 돈을 많이 버는 사람들 중에는 많은 세금을 내는 것을 억울하게 느끼는 사람도 있어. 그래서 세금을 내기 싫어 아예 스웨덴을 떠나는 사람도 있단다.

⭐ 북유럽 사람들은 마음이 넉넉해

북유럽은 잘사는 사람과 못사는 사람의 생활 수준 차이가 가장 적은 지역이야. 미국에서 가장 돈을 못 버는 20퍼센트에 해당하는 사람들이 버는 돈은 미국인 전체 소득의 5퍼센트 정도에 해당해. 하지만 북유럽에서는 이들 계층의 소득이 전체 소득의 10퍼센트 정도로 미국에 비해 돈을 잘 버는 사람과 못 버는 사람 간의 소득 차이가 적단다.

그리고 북유럽은 세계에서 사회 복지가 가장 발달한 곳으로 국가가 기본적인 생활을 보살펴 주기 때문에 생활에 위협을 받으며 사는 사람들은 없단다. 이렇게 경제적으로 여유가 있어 마음이 넉넉한 북유럽 사람들은 가난한 나라를 돕는 데 모범을 보이고 있어.

 세계은행

국제 부흥 개발 은행으로 제2차 세계 대전 뒤 경제를 부흥시키고 후진국을 개발하려고 설립한 국제 은행이다.

세계은행*이 짐작하기로는 2019년 현재 세계 인구의 8퍼센트 정도는 하루에 2천 원이 조금 넘는 돈인 1.90달러 이하의 돈으로 살고 있다고 해. 1990년에는 세계 인구의 36퍼센트가 그렇게 살았다고 하니 그나마 나아진 거지.

한 나라 안에서 잘사는 사람과 못사는 사람의 소득이나 생활 수준의 차이가 심하면 문제가 생겨. 마찬가지로 지구촌 시대가 된 오늘날에는 어느 한 나라에 문제가 생기면 다른 나라의 평화와 안전에도 영향을 미치게 된단다.

그래서 유엔에서는 잘사는 나라들에게 국민 총소득의 0.7퍼센트를 가난한 나라를 돕는 데 쓰라고 권하고 있어. 스웨덴, 덴마크, 노르웨이 등 북유럽 나라들은 가난한 나라를 돕기 위해 유엔의 권유보다 더 많은 돈을 기부하고 있어.

우리나라는 어느 정도냐고? 좀 창피하니까 작은 소리로 말할게. 한국이 2019년 다른 나라를 돕는 데 쓴 돈은 국민 총소득의 0.15퍼센트로, 유엔이 권유한 수치의 5분의 1 수준이야.

⭐ 시장이 정말 크구나

"서로 필요한 것을 사고 5시 30분에 만나자. 누루오스마니예 게이트와 베야즈트 게이트 중에서 어디서 만날까?"

"음, 누루오스마니예 게이트가 좋아."

아지제 탄리쿨루는 어머니와 이모를 따라 그랜드 바자르에 장을 보러 왔어. 그런데 어머니와 이모는 서로 사고 싶은 물건이 달라서 따로 장을 본 뒤 만나기로 했단다. 아지제 탄리쿨루는 이모가 사려는 터키 토산품을 구경하고 싶어서 이모를 따라다니기로 했어.

터키 사람들은 이스탄불의 그랜드 바자르Grand Bazaar를 카파르 차르쉬Kapar Carsi라고 하는데 '지붕이 있는 시장'이라는 뜻이야. 시장 전체가 아치형 돔 지붕으로 덮여 있어서 그렇게 불러.

그랜드 바자르에는 60여 개의 미로 같은 통로에 5천여 개의 상점이 있어. 세계에서 가장 규모가 큰 실내 시장으로 주요 통로 끝에 있는 입구 4개를 포함해 모두 20여 개의 입구가 있단다.

금은 세공품을 포함한 각종 보석류, 카펫, 터키 전통 공예품, 가죽, 의류, 유리 제품 등 파는 제품에 따라 규칙적으로 구역이 나뉘어져 있어.

하지만 시장이 복잡하고 통로가 많아 한번 들어가면 길을 잃어버리는 사람들이 많단다. 그래서 외국 관광객들은 물론이고 이스탄불 사람들도 미리

장소를 정해 놓고 각자 쇼핑을 한 뒤 다시 만나는 방법을 택하기도 해.

생산자와 소비자를 연결해 주는 시장은 예로부터 사람들이 모이기 쉽게 교통이 발달한 곳에 자리 잡았지. 터키는 유럽과 아시아 양쪽 대륙에 걸쳐 있는 나라야.

15세기에는 동양과 서양이 만나는 주요한 교통로에 위치한 이스탄불에 상인들이 많이 모여들었어. 상인들은 이스탄불의 거리에 좌판을 펼치고 장사를 하거나 아예 터를 잡고 가게를 열기도 했지. 상인들이 모여들면서 이스탄불의 시장은 점점 커졌어.

　오스만 제국의 최고 통치자였던 메메트 2세는 이스탄불을 세계적인 도시로 만들고 싶었어. 그래서 이슬람 성전인 모스크를 짓고 대학을 세웠지. 뿐만 아니라 동양과 서양을 이어 주는 상업 중심지의 위치를 굳건히 하기 위해 흩어져 있던 시장을 하나로 묶기로 했어.

　그래서 1461년 세계에서 가장 큰 시장이었던 그랜드 바자르가 만들어진 거란다. 시장은 시간이 갈수록 번창했고, 덕분에 16세기 이스탄불은 세계 최대의 도시가 되었어.

　그랜드 바자르는 세계에서 가장 오래된 재래시장이란다. 옛날부터 전해 내려오는 재래시장은 역사가 가장 길고 오래되어서 시장의 원조라고 할 수 있지.

　재래시장은 그곳에 살고 있는 사람들의 생활 모습과 풍습, 문화를 그대로 보여 주기 때문에 이곳에서는 색다른 즐거움을 느낄 수 있어. 그래서 그랜드 바자르처럼 외국인들이 많이 찾는 관광 명소가 되기도 한단다.

★ 어린이들이 장사하는 날

　네덜란드는 온 나라가 거대한 벼룩시장으로 변하는 날이 있어. 왕의 날인 4월 27일이 바로 그날이야. 이날 네덜란드 전국 곳곳은 오렌지색 옷을 입고 축제를 즐기기 위해 나온 사람들로 나라 전체가 온통 오렌지색으로 물들어.

그리고 모든 상점은 문을 닫고 거리는 꼬마 상인들이 장사를 하는 임시 길거리 벼룩시장으로 탈바꿈을 하지. 어린이들은 이날을 위해 1년 동안 내다 팔 물건들을 준비한단다.

 시장

물건을 서로 바꾸거나 사고파는 장소뿐만 아니라 사고파는 거래가 이루어지면 모두 시장이라고 한다. 주식 거래가 이루어지는 주식 시장, 일할 사람의 거래가 이루어지는 노동 시장, 돈거래가 이루어지는 금융 시장 등, 시장의 종류는 셀 수 없이 많다.

헌 옷, 헌 장난감, 집에서 쓰던 물건, 집에서 만든 과자 등, 팔 수 있는 물건을 모두 가지고 나와 장을 열어. 그리고 물건에 가격을 매기고, 흥정도 하면서 물건을 판단다. 기발한 옷차림을 하고 손님의 눈길을 끄는 어린이도 있어.

해가 지는 저녁이 되면 하루 동안 장사를 하느라고 수고한 어린이들을 격려해 주려고 거리 악대들이 흥겨운 음악을 연주하면서 거리를 돌아다닌단다. 정말 신나고 보람 있는 축제 날이지!

어린이 벼룩시장은 여왕의 생일을 축하하기 위해 이웃끼리 물건을 나눈다는 뜻에서 시작되었단다. 어린이들은 이런 과정을 통해 물건을 사고파는 과정을 자연스럽게 터득하게 되고, 어릴 때부터 돈의 소중함과 일의 가치를 익히게 되지.

벼룩시장은 지구의 미래를 위해서도 꼭 필요해. 산업이 발달하면서 무분별한 자원 개발로 환경 파괴가 심해지고 자연 재해가 잦아졌단다. 그래서 이제 경제 성장보다 지구를 살리기 위해서 자원을 아끼고 환경을 지키는 일이 더 중요하다고 걱정하는 소리가 높아졌어.

자원 보전과 환경 보호를 위해 어린이들이 할 수 있는 가장 손쉬운 방법은 물건을 아껴 쓰고, 나누어 쓰고, 바꾸어 쓰고, 재활용하는 일이야. 벼룩시장은 바로 이런 일을 도와주는 곳이란다.

3. 북아메리카 이야기

다른 대륙에는 많은 나라가 있지만 아메리카 대륙 북쪽에 위치한 북아메리카에는 미국과 캐나다, 멕시코 세 나라만 있어.
미국과 캐나다는 유럽에서 이민 온 사람들이 세운 나라야. 이민자들이 먼저 정착했던 동부에서 시작해 서부로 개발이 이루어졌지. 20세기 들어 두 차례의 세계 대전을 치르며 유럽이 혼란을 겪는 동안 미국은 세계에서 가장 강한 나라로 자리 잡게 되었단다.

멕시코는 언어나 문화가 미국과 캐나다보다는 중남부 아메리카와 비슷하지만 역사의 뿌리를 북아메리카에 두고 있는 나라야. 현재 미국 영토의 일부는 19세기 초반까지 멕시코 땅이었거든. 1994년 효력이 발생한 '북미 자유 무역 협정'으로 세 나라는 경제적으로 두터운 협력 관계를 이루었어. 서로 이해가 엇갈리는 부분이 있어서 이를 '미국·멕시코·캐나다 협정'으로 바꾸기로 2018년에 합의하였지만 경제 협력 관계는 계속 유지되고 있단다.

⭐ 이민자들이 미국의 공업화를 이끌었어

미국 로스앤젤레스에 살고 있는 제인은 여름 방학에 미국 동부 지역을 여행했어. 미국은 우리나라보다 95배나 넓은 나라여서 서부에서 동부로 여행을 가는 것은 우리가 해외여행을 가는 거나 마찬가지야. 제인이 사는 곳에서 뉴욕까지는 비행기 타는 시간만 5시간이나 걸린단다.

뉴욕에서 제인이 가장 가 보고 싶었던 곳은 앨리스섬에 있는 이민박물관이야. 제인의 조상은 앨리스섬을 통해 미국으로 온 이민자였거든. 이민박물관에서는 이민자들이 사용했던 짐 가방과 이민자들의 사진도 볼 수 있어. 1892년부터 1954년까지 이 섬을 통해서 미국으로 이민 온 사람들은 무려 1천2백만 명이나 된다고 해.

유럽에서 신대륙으로 건너왔던 사람들은 1783년 아메리카 합중국이라는 독립 국가를 세웠어. 1789년에는 조지 워싱턴을 초대 대통령으로 선출하고 국가의 기틀을 갖추었지.

미국은 동북부 지역에 자리 잡았던 이민자들이 중심이 되어 일찍부터 공업화를 이루었어. 동북부 지역에서는 면 방직업을 시작으로 피혁업, 목재업 등에 이어 제철, 기계 공업이 발달했지. 공장에서 일하는 사람들은 주로 농촌에서 일자리를 찾아 나선 젊은 여성과 아일랜드 출신 이민 노동자였어.

남부 농장 주인들은 흑인 노예들의 노동력을 바탕으로 면화를 생산해 엄청난 돈을 벌었단다. 그래서 농산물 생산, 가공, 유통과 관련되지 않은 일에는 관심이 없어서 남부 지역은 상대적으로 공업화가 느렸어.

그러나 남북 전쟁으로 변화가 일어나 남북의 경제적인 교류가 활발해지자 미국은 눈부시게 발전했단다. 공업이 비약적으로 발전해 19세기 말에는 영국을 뛰어넘는 세계 최대의 생산력을 가진 나라가 되었어.

2019년 현재 미국은 국내 총생산이 전 세계 국내 총생산의 거의 25퍼센트를 차지할 정도로 경제 규모가 큰 나라야. 국내 총생산이란, 일정한 기간 동안에 한 나라 안에서 만들어 낸 모든 재화와 서비스의 합을 뜻하는 말이야.

제인은 이민자들이 미국을 어떻게 변화시켰는지를 알고 나서, 조상이 기회의 땅을 찾아 이민왔던 용감한 사람이었다는 사실이 아주 자랑스러웠어.

⭐ 24달러에 사들인 맨해튼섬

제인의 다음 목적지는 뉴욕 시내 중심에 있는 섬, 맨해튼이야. 국제 연합 본부, 록펠러 센터, 엠파이어스테이트 빌딩, 컬럼비아 대학 등 유명한 곳이 많지만 무엇보다도 맨해튼은 상업과 금융의 중심지란다.

우리나라에서도 증권 회사들이 모여 있는 여의도를 한국의 맨해튼이라고 해. 그러니까 맨해튼이란, 상업과 금융 중심지를 가리키는 말이 되어 버렸어.

제인의 가족은 이곳 사람들처럼 길거리 노점상에서 베이글을 먹은 뒤 여행 일정을 시작하기로 했어. 베이글은 유대인들이 즐겨 먹던 빵이었는데 미국 땅에 널리 전파되어 이제는 뉴욕 사람들의 대표적인 아침 메뉴가 되었지.

아하! 제인이 베이글을 먹는 사이 맨해튼에 얽힌 재미있는 이야기를 들려줄게. 네덜란드의 서인도 총독이었던 피터 미누이트가 인디언 추장으로부터 맨해튼섬을 사들인 이야기야.

옛날 이곳에는 인디언들이 살았는데 맨해튼은 인디언 말로 '돌 섬'이라는 뜻이야.

1626년, 피터 미누이트는 이민자들이 살아갈 땅을 마련하기 위해 인디언들로부터 맨해튼을 사들였지. 그리고 네덜란드 수도 이름을 따라 '뉴 암스테르담'이라는 도시를 세웠어. 나중에 이곳의 주인이 된 영국 왕 찰스가 동생 '욕York 공'의 이름을 붙여 '뉴욕New York'이라고 부르면서 지명이 바뀌었단다.

피터 미누이트는 당시 60길더, 그러니까 지금 돈으로 약 24달러 정도의 장신구와 물품을 주고 이 섬을 샀다고 해. 인디언 추장이 바보짓을 했다고? 그렇지 않아. 그 이유를 알아볼까?

이자는 주는 방법에 따라 '복리와 단리', 두 종류로 나누어져. '단리'는 기간에 상관없이 원금에 이율과 기간을 곱해서 이자를 주는 방법이고, '복리'는 일정 기간마다 이자가 원금에 더해져서 새로운 원금이 되고, 거기에 이자가 또 붙는 방식이야.

100만 원을 2년간 연 6퍼센트로 이자를 받는 경우, 단리로 받는 것과 1년마다 복리로 받는 것을 비교해 보자. 단리로 이자를 받으면 1,000,000원 ×

6%^{0.06} × 2년 = 120,000원이니까 2년 뒤에 받은 돈은 1,120,000원이 되지.

복리로 이자를 받으면 첫해는 1,000,000원 × 6%^{0.06} = 60,000원, 1년 뒤에는 첫해 이자가 원금에 더해져서 (1,000,000 + 60,000)원 × 6%^{0.06} =63,600원으로, 2년 뒤에 받는 돈은 1,060,000원과 63,600원을 합친 1,123,600원이 되지.

그래서 복리 이자가 단리 이자보다 유리하단다.

그런데 당시 24달러의 원금에 이자를 복리로 받았다면 지금은 과연 얼마로 늘어났을까? 이자가 연 이자율을 7퍼센트라고 한다면, 10년 뒤에는 원금이 거의 2배로 늘어나. 다시 10년이 지나면 93달러로 증가하지. 이런 복리 계산을 계속하면 맨해튼을 구입한 날로부터 390년이 지난 2016년에는 24달러가 무려 7조 4천억 달러 정도가 된단다. 맨해튼섬이 약 1,730만 평방미터이니까 현재로 보면 1평방미터당 거의 43만 달러, 즉 평당 142만 달러^{우리 돈으로 약 15억6천만 원}가 넘는 돈을 준 거야.

그러니까 그때의 24달러를 현재 가치로 따져 보면 현재 땅값보다 훨씬 더 많은 돈을 준 셈이야. 횡재를 한 사람은 미누이트가 아니라 인디언 추장이지?

물리학자였던 아인슈타인은 세계에서 가장 힘이 센 것은 '복리 이자'라고 했단다. 이런 복리의 힘을 누리려면 하루라도 일찍 저축을 시작하는 것이 최고야. 지금 당장 말이야.

★ 세계 경제를 움직이는 월스트리트

제인은 아침 식사를 마치고 맨해튼 남쪽에 있는 월스트리트^{Wall Street}로 향했어. 월스트리트는 브로드웨이에서 이스트 리버로 통하는 약 6킬로미터에 이르는 거리야.

맨해튼을 인디언 추장으로부터 사들인 뒤 네덜란드 사람들은 인디언을 비롯한 외부 사람으로부터 자신들을 보호하려고 통나무로 벽을 만들었어. 월스트리트는 벽이 세워졌던 곳을 상징하는 이름이란다.

미국 독립 이후였던 1783년, 이곳에서 정부나 기업 등이 돈을 빌렸음을 증명하기 위해 발행한 채권이나, 주식회사가 자본금 마련에 투자했음을 증명하는 주식과 같은 증권을 사고파는 거래가 시작되었지.

1792년에 증권 거래 중개인들이 맨해튼에 공동 사무실을 마련해 거래 업무를 보기로 합의한 뒤, 1793년에는 뉴욕 증권 거래소 건물이 세워졌단다.

이를 계기로 월스트리트는 금융과 증권 거래의 중심지가 되었어. 현재 이 거리에는 뉴욕 증권 거래소를 비롯한 증권 회사와 은행 건물이 즐비해.

제2차 세계 대전 이전까지 국제 금융 시장의 중심지는 런던이었단다. 산업 혁명이 가장 먼저 일어났던 영국이 세계에서 가장 경제적으로 힘센 나라였거든.

그런데 두 차례 세계 대전을 치르면서 유럽의 힘은 약해지고 미국이 세계에서 경제적으로 가장 강한 나라가 되었어. 그래서 미국의 금융 중심지였던 월스트리트는 국제 금융 시장의 중심지가 되었단다.

만약 미국 경제가 힘을 잃고 다른 나라가 미국보다 더 큰 경제력을 가지게 된다면 세계 금융 시장의 중심지는 다른 곳으로 옮겨 갈 수도 있어.

✦ 이겨라, 이겨라! 황소 이겨라!

슬슬 걷다 보니 미국의 독립 전쟁이 선포되었던, 뉴욕에서 가장 오래된 공원인 보울링 그린 파크에 도착했어. 많은 관광객이 무섭게 달려 나갈 자세를 하고 있는 청동 황소상 근처에 모여 있었어.

"굉장하다! 저렇게 힘찬 모습을 한 황소는 본 적이 없어. 그런데 황소상이 왜 여기에 세워졌어요?"

아마 황소상의 유래를 모르는 사람들은 대부분 제인과 같은 궁금증을 가질 거야. 지금부터 황소상이 세워진 이야기를 들려줄게.

가지고 있는 돈으로 땅이나 건물을 사거나 은행 적금과 같은 금융 상품을 이용해 돈을 불리는 것을 투자라고 해. 투자를 하는 대상에는 주식, 부동산, 채권, 펀드 등 여러 가지 방법이 있어.

회사를 만드는 데 필요한 자본금을 여러 개인이나 단체들로부터 모아서 만든 회사를 주식회사라고 한단다. 주식회사가 자본금에 투자했음을 증명하기 위해 발행하는 증서를 주식이라고 하고, 돈을 투자한 사람을 주주라고 해.

주주들은 주식회사가 장사를 해서 번 이익을 나누어 받거나 주식을 샀던 가격보다 비싸게 주식을 팔아서 돈을 벌려는 목적으로 주식에 투자를 하지.

그런데 주식에 투자하는 사람들이 제일 좋아하는 동물은 황소란다. 대신 곰은 아주 싫어하지.

주식이나 상품 시장에서 가격이 올라가는 시장을 '불 마켓Bull Market'이라고 하는데, '불Bull'이 바로 황소거든. 반대로 가격이 내려가는 시장은 '베어 마켓Bear Market'인데, '베어Bear'는 곰이야.

뉴욕의 주식 시장이 폭락했던 1987년 10월 세 번째 월요일을 검은 월요일Black Monday이라고 부른단다. 이날을 시작으로 미국 경제는 혼란 속으로 빠져들었어.

경기가 나빠져서 많은 사람이 웃음을 잃고 힘든 나날을 보내던 1989년 어느 날, 이탈리아 조각가인 아르투로 디모디카가 황소상을 만들어서 아무도 없는 새벽에 뉴욕 증권 거래소 정문 앞에 놓고 갔대.

본인은 재미로 그랬다고 말했다지만 힘차게 일어나는 황소의 모습을 보고 사람들이 밝게 웃기를 바라는 마음에서 그랬을 거야. 그 뒤 지금 위치로 옮겨져 맨해튼을 찾는 관광객들마다 그 앞에서 사진을 찍는 명물이 되었단다.

2008년 10월, 세계적인 금융 위기로 주식 시장이 한치 앞을 내다볼 수 없는 암흑에 빠지자, 사람들은 황소상 앞에서 시위를 벌이기도 했어. 시위를 마치고 집으로 돌아가면서 사람들은 속으로 이렇게 외쳤을 거야.

'이겨라, 이겨라! 황소 이겨라!'

⭐ 서쪽으로 말을 몰아라!

영화 속에서 가죽점퍼를 입고 챙이 넓은 모자를 쓴 건장한 남자들이 말을 타고 넓은 평원을 달리고 있어. 맞은편에서 비슷한 옷차림을 한 다른 무리의 사람들이 나타나고, 서로 올가미 줄을 던지며 싸움을 벌여. 반대편 악당이 허리춤에서 총을 뽑아 들고 주인공이 죽을 위험에 처하면 관객들은 애를 태우며 숨을 죽이지. 하지만 주인공은 올가미 줄로 총을 내려치고 싸움을 승리로 이끌어. 우와, 멋지다!

미국은 세계에서 세 번째로 땅이 넓은 나라야. 그러나 처음부터 땅이 이렇게 넓지는 않았어. 미국은 동부 지역을 중심으로 나라를 세운 뒤 서부로 계속 땅을 넓혀 나갔어.

3대 대통령이었던 토마스 제퍼슨은 1803년 프랑스 나폴레옹으로부터 루이지애나로 불리는 미시시피강 서쪽부터 로키산맥에 이르는 중부 지역을 사들였어. 현재 미국 영토의 30퍼센트에 해당하는 루이지애나를 사들이면서 미국은 서부 개척 시대를 맞이하게 되었지.

미국 영화에 자주 등장하는, 챙이 넓은 모자를 쓰고 말을 달리던 카우보이는 텍사스 지역 목축 지대에서 소 떼를 지켰던 사람들이야.

땅이 넓어서 걸어 다닐 수 없어 말을 타고 달리며 소를 돌봤지. 영화 속의 서부 개척 시대 카우보이들은 위험을 두려워하지 않는 영웅이야. 미국이

서부로 땅을 넓혀 갔던 시대의 정신이 바로 모험 정신이거든.

1835년, 약 3만 명의 미국인이 멕시코 영토였던 텍사스 지역으로 이주했어. 멕시코 정부가 미국인들의 이주에 대해 강경하게 대처하자, 이들은 다음 해 독립을 선언하고 텍사스 공화국을 세웠단다.

1844년에 텍사스 공화국은 미연방^{미국}에 가입해 미국의 일부가 되었지. 텍사스가 미국에 합병되자 1846년에 이를 못마땅하게 여긴 멕시코가 미국을 공격했어. 오늘날 미국과 멕시코의 국력은 비교할 수 없이 미국이 강하지만 그때는 멕시코가 제법 힘 있는 나라였거든.

이 전쟁은 미국과 멕시코의 운명을 가르는 계기가 되었단다. 전쟁에서 승리한 미국은 1848년 멕시코의 영토였던 캘리포니아, 네바다, 유타, 애리조나, 뉴멕시코 등의 광활한 서부 지역까지 차지하게 되었어.

목축업자들은 텍사스를 넘어서 캐나다에 이르는 대평원으로 소를 기르기 위해 몰려들었어. 카우보이들이 말을 타고 달릴 수 있었던 지역이 엄청나게 넓어졌단다.

⭐ 미국 제일의 부자는 누구일까?

"미국 제일의 부자는 누구일까요?"

꼬마 경제 박사 프로그램에서 이렇게 시시한 질문을 하시다니!

"빌 게이츠입니다."

왜 딩동댕 소리가 들리지 않지? 하하! 정답이 아니거든.

빌 게이츠는 1992년부터 거의 매년 세계 부자 1위의 자리에 오른 사람이지만 지금까지 미국 역대 최고의 부자는 아니야.

미국의 경제 주간지인 〈포춘〉지가 2007년 3월 미국 역대 부자들의 순위를 매긴 명단을 살펴보면 역대 최고의 부자는 석유왕 존 록펠러란다.

1870년 스탠더드오일 회사를 만든 뒤 1882년 미국 내 정유소의 95퍼센트를 가지고 있었어. 그의 재산은 현재 가치로 약 2천억 달러로 1937년 사망하기 전 재산이 미국 경제의 1.54퍼센트를 차지했다고 해.

2위는 증기선과 철도 사업으로 재산을 불린 선박왕이자 철도왕이었던 코넬리우스 밴더빌트야. 1877년 사망하기 전 그의 재산은 미국 경제의 1.15퍼센트에 달했어.

3위는 부동산 재벌 퍼리어 존 제이콥으로 1848년 사망하기 전 그의 재산은 미국 경제의 0.93퍼센트를 차지했지.

4위는 해운업을 하다가 퍼스트 뱅크의 최대 투

자자가 된 스티븐 지라드로 1831년 사망하기 전 그의 재산은 미국 경제의 0.67퍼센트였어.

현재 최고의 부자인 빌 게이츠의 재산은 2006년 기준으로 미국 국내 총생산의 0.66퍼센트를 차지해 역대 부자 5위를 차지했단다.

역대 6위 부자는 철도 교량 사업을 하다가 철강 사업으로 돈을 번 철강왕 앤드류 카네기로 1919년 사망하기 전 그의 재산은 미국 경제의 0.60퍼센트 정도였단다.

19세기 미국 부자들이 이렇게 엄청나게 부자였던 것은 '독점'으로 많은 돈을 벌었기 때문이야. 독점이란, 어떤 상품이나 서비스를 제공하는 기업이 하나인 경우를 말해.

독점이 이루어지면 상품 가격을 비싸게 매겨도 소비자들은 울며 겨자 먹기로 살 수밖에 없어. 그래서 독점 기업은 엄청난 이익을 올릴 수 있는 거야. 이러한 독점의 피해를 막기 위해 1890년 미국에서는 독점을 금지하는 법이 만들어졌어.

록펠러는 스탠더드오일 회사의 회장이었단다. 스탠더드오일 회사는 당시 단 하나뿐인 석유 회사였어. 록펠러는 처음에 돈을 버는 과정에서 냉혹한 일을 많이 저질렀단다. 그를 죽이려는 사람들로부터 자신을 보호하려고 침대 곁에 권총을 두고 잠을 잘 정도로 미움을 받았어.

그러나 신앙이 깊어지면서 사람이 바뀌어 자신이 번 돈을 다른 사람을 위해 사용하기로 마음먹었고, 1913년 록펠러재단과 록펠러의학연구소를 만들었어. 그리고 교육·의료·과학 분야의 지원을 통해 다른 사람을 돕는 일에 힘을 썼단다.

그는 이미 세상을 떠났지만 록펠러 재단은 지금도 건재하지. 모범적인 자선 재단인 록펠러재단은 세계인들의 굶주림을 해결하고, 학문과 문화를 발전시켜 사람들이 고르게 수준 높은 생활을 할 수 있게 돕고 있어.

철강왕 카네기 또한 벌었던 돈을 사회를 위해 내놓은 사람으로 유명해. 미국과 영국에 수많은 공공도서관을 지었을 뿐만 아니라 카네기재단을 통해 교육과 문화 발전을 위한 사업을 도와주었어.

록펠러나 카네기가 지금까지 사람들의 입에 오르내리는 이유는 엄청난 돈을 벌었던 부자나 뛰어난 기업가라서가 아니라, 번 돈을 인류 복지를 위해 사용하도록 사회에 돌려주었기 때문이야.

"부자가 되고 싶은 사람 손 들어 봐!"

하하! 모두 번쩍번쩍 손을 드는구나. 하지만 부자가 되는 것만이 목표는 아닐 거야. 이미 돈은 버는 일도 중요하지만 어떻게 쓰느냐가 더 중요하다는 것을 알고 있으니까.

⭐ '현대'를 발명한 사람

헨리 포드는 열두 살 때 석탄으로 움직이는 증기 엔진을 본 뒤 '말이 필요 없는 마차'를 만드는 꿈을 꾸기 시작했어. 열일곱 살에 학교를 그만두고 취직을 한 뒤에도 머릿속에는 온통 자동차에 대한 생각뿐이었지.

일을 마치고 집으로 돌아오면 낡은 창고를 개조해 만든 연구실에서 밤새 자동차 연구를 했단다. 나중에는 직장도 그만두고 오로지 연구에만 몰두해 결국 바퀴가 네 개 달린 자동차를 만들었어.

사실 자동차를 처음 만든 사람은 헨리 포드가 아니란다. 1903년 그가 포드 자동차 회사를 설립했을 때 디트로이트에는 이미 50개 이상의 자동차 회사가 있었어. 그런데 왜 헨리 포드가 '자동차왕'이 된 걸까?

다른 사람들은 자동차를 부자들만의 운송 수단이라고 생각했지만, 포드는 자동차가 미래의 주요 운송 수단이 될 거라고 확신했어. 그는 보통 사람들이 살 수 있는 저렴하고 실용적인 차를 만들려고 했지.

이런 소망의 결실이 1908년에 나온 '모델 T'란다. 그전까지는 자동차를 만들 때 부품 하나하나를 모두 손으로 깎고 갈아서 만들어야 했어. 그래서 시간도 많이 걸리고 가격도 비쌌던 거야.

그런데 모델 T 자동차는 부품을 표준화시켜서 조립한 최초의 대량 생산형 자동차야. 가격은 850달러로 다른 차의 절반도 안 됐어. 그 뒤로도 포드는 만족하지 않고 1927년까지 오로지 모델 T만 생산하고 부품과 생산하는 작업 단계를 표준화해서 자동차 가격을 낮추기 위해 노력했어.

헨리 포드의 생산 표준화로 오늘날 대량 생산의 일반 원칙이 된 '3S 원칙'이 만들어졌단다. 3S 원칙이란, 제품과 작업의 단순화Simplification, 부품과 작업의 표준화Standardization, 기계와 공구의 전문화Specialization를 말해. 뿐만 아니라 이동식 조립 라인 방식에 의한 생산을 시도했으며, 작업의 세분화와 분업화도 꾀했지.

포드시스템

헨리 포드가 원가를 줄이고 생산 능률을 올리려고 고안한 '3S 원칙'과 이동식 조립 라인 방식이 널리 퍼지자, 이런 생산 방식을 '포드시스템'이라고 부르게 되었다.

그러니까 노동자들이 공구를 들고 작업대로 찾아가 제품을 만들고 조립하는 대신 컨베이어 벨트가 끊임없이 조립품을 실어 나르면 노동자들은 이를 가지고 맡은 작업을 반복하는 거야. 지금은 공장에서 이런 모습을 흔히 볼 수 있지만 당시로써는 혁명적인 발상이었단다.

제품을 만들어 내는 데 들어가는 생산 비용을 계속 줄이자 모델 T의 판매 가격은 310달러로까지 내려갔어. 모델 T는 무려 1천5백만 대가 팔렸는데, 당시 미국에 있었던 마차 대수와 거의 비슷하게 팔렸으니까 모델 T야말로 '말이 필요 없는 마차'였던 셈이지.

포드는 대량 생산으로 생산 비용을 낮춰서 남게 된 돈으로 노동자의 임금을 올려 주었단다. 임금을 올려서 노동자의 구매력이 높아져야 소비가 늘고, 소비가 늘어야 생산을 지속적으로 늘릴 수 있기 때문이지.

하루 6달러를 받는 노동자가 한 달에 25일을 일하고 받는 돈을 모두 저축한다면 자동차를 사는 데 얼마나 걸릴까? $6^{달러} \times 25^{일} = 150$인데 모델 T 가격은 310달러였으니까, 두 달 조금 넘게 돈을 모으면 누구나 쉽게 자동차를 살 수 있었어.

역사에서 시대를 구분할 때 제1차 세계 대전 이후의 시대를 현대라고 한단다. 현대 사회의 가장 큰 특징은 대량 생산과 대량 소비야.

대량 생산과 대량 소비 시대의 문을 연 사람이 바로 헨리 포드야. 그래서 그를 '현대를 발명한 사람'이라고 하지.

✪ 실리콘 밸리에서는 모험이 두렵지 않아

O, ×로 답하는 문제가 있는데 도저히 답이 떠오르지 않을 때 동전을 던져 본 적이 있니? 앞면이 나오면 O, 뒷면이 나오면 ×, 이런 식으로 말이야.

1938년, 미국의 스탠포드 대학 동기 동창인 빌 휴렛과 데이브 팩커드는 음향 기기를 테스트하는 전자 기기인 오디오 발진기 개발에 성공했어.

대학 스승이었던 프레드 터만 교수가 이들에게 사업을 권유했지. 그래서 우선 데이브 팩커드가 살고 있는 집 창고를 공장으로 쓰기로 했어.

다음은 회사 이름을 정할 차례야. 두 사람은 그들의 성을 합쳐서 회사 이름을 만들기로 하고 동전을 던져 결정하기로 했단다. 빌 휴렛이 이기면 휴렛 팩커드, 데이브 팩커드가 이기면 팩커드 휴렛으로 정하는 거지.

결과는 팩커드의 승리였지만 팩커드는 부르기 쉽게 휴렛 팩커드가 좋겠다고 했어. 이렇게 해서 1939년 1월, 세계 최초의 벤처 기업이자 실리콘 밸리의 신화를 이끌어 낸 휴렛팩커드HP가 탄생했어.

벤처 기업이란, 첨단 기술과 아이디어를 개발해 사업에 도전하는 중소기업을 말해. 시장에 알려지지 않은 기술이나 아이디어를 바탕으로 사업을 하기 때문에 성공 확률이 낮아서 '모험 기업' 또는 '위험 기업'이라고 부르기도 하지.

그러나 성공을 거두면 그야말로 대박을 터뜨리게 돼. 이런 매력에 사람들은 위험을 무릅쓰고 모험을 한단다. 기술 개발과 정보 통신 기술을 가진 벤처 기업들 덕분에 미국은 1980년대 경제 위기에서 살아날 수 있었어.

실리콘 밸리는 미국 캘리포니아주 샌프란시스코반도 초입에 위치하는 산타클라라에 자리 잡은 첨단 기술 연구 지역이야. 반도체 재료인 '실리콘'과 산타클라라 계곡밸리을 합쳐서 만들어진 말이지.

모험이 두렵지 않는 사람들이 이곳에서 벤처 기업을 만들고 컴퓨터와 반도체, 소프트웨어, 네트워킹, 통신 등 첨단 산업에 뛰어들었어.

실리콘 밸리에는 인텔, IBM, 휴렛팩커드 등 세계 100대 첨단 기술 기업 가운데 상위 20대 기업의 본사가 몰려 있단다.

"우리나라의 테헤란 밸리가 혹시 실리콘 밸리와 무슨 관련이 있어요?"

밸리라는 낱말 하나로 이런 궁금증을 가지다니 경제 이야기를 들려주는 보람이 있구나. 물론 관련이 있단다. 1990년대 우리나라에서는 경제 위기를 극복하기 위해 벤처 기업을 키우기로 했어.

정부 지원을 받으며 많은 벤처 기업이 주로 강남역과 역삼역 사이를 잇는 테헤란로 근처에 회사를 차렸단다. 그래서 이 지역을 미국의 실리콘 밸리를 본떠서 테헤란 밸리라고 부르게 되었어.

⭐ 행복을 파는 딸기 농장

1시간 넘게 딸기를 땄지만 마이클은 힘든 줄 몰랐어. 딸기 따는 일은 마이클이 어릴 때부터 해 오던 일이라 이제는 식은 죽 먹기야. 마이클의 아버지는 온타와 근처 딸기 농장 주인이야.

농장에서 딸기를 따는 것은 아버지에게는 일이지만 마이클에게는 놀이나 마찬가지야. 마이클뿐만 아니라 캐나다에서는 딸기 따기를 즐기는 어린이가 아주 많아. 그래서 여름 방학이 되면 딸기 농장은 어린이들의 놀이터가 된단다. 입장료 3달러를 내고 농장에 들어오기만 하면 마음대로 딸기를 따 갈 수 있어.

"딸기가 아니라 설탕이야, 설탕!"

딸기 농장을 찾아온 손님들은 바로 딴 딸기를 먹으면서 감탄한단다. 딸기를 따며 사람들은 노동의 즐거움과 신성함을 깨닫게 되고 쓸데없는 걱정을 떨쳐 버리게 되지. 그래서 잘 익은 딸기를 바구니에 가득 담아 집으로 돌아가는 사람들은 모두 싱글벙글 웃음을 감추지 못해.

마이클은 자기도 아버지처럼 농장 주인이 되어야겠다고 생각해. 왜냐하면 농장은 딸기를 파는 것이 아니라 행복을 파는 것 같아 보이거든.

농민이 되는 꿈을 꾸다니, 마이클은 참 소박하다고? 그건 캐나다 가족 농장의 규모를 모르고 하는 소리야. 캐나다는 세계 10위 안에 드는 공업국이지만, 풍부한 자원을 지닌 광대한 국토를 가진 나라라 임업과 함께 농업도 주요한 산업이야. 세계 2위의 목재 수출국이며, 밀과 콩, 카놀라를 많이 수출하는 세계 5위의 농산물 수출국이란다.

국토가 넓다 보니 가족 농장들의 규모도 엄청나. 마이클 아버지의 농장도 서울대공원만큼이나 넓지. 그러니까 딸기 농장을 운영하겠다는 것이 소박한 꿈은 아니란다.

잔디 대신 텃밭을 가꾸자

2006년 5월, 밴쿠버 식량 정책 협의회에서는 '2010 공공 텃밭 프로젝트'를 추진하기로 했어. 캐나다 밴쿠버에서 올림픽이 열리는 2010년까지 시내에 2,010개의 텃밭을 만드는 계획이었지. 올림픽을 구경하러 오는 사람들에

게 아름다운 밴쿠버를 선보이려면 잔디를 심어야지 텃밭이라니, 시민들이 촌스러운 계획에 호응하겠느냐고?

밴쿠버에는 2006년에 이미 950개의 텃밭이 있었어. 기찻길이었던 곳에 만들어진 공공 텃밭은 1년에 20캐나다달러, 즉 20만 원도 안 되는 돈으로 빌릴 수 있어. 이웃 사람들이 텃밭에 콩, 마늘, 상추 등 자신이 원하는 채소를 심고 기르는 것을 보고 이에 관심을 갖는 사람들이 계속 늘어났단다.

공공 텃밭이 인기를 끌자 자기 집 정원을 텃밭으로 바꾸는 사람들도 늘었어. 이런 텃밭을 '모비MOBY'라고 해. 모비는 '나만의 뒤뜰My Own Back Yard'을 줄인 말이야.

텃밭에서 먹을거리를 가꾸면 먹을거리를 먼 거리로 운반하지 않아도 되니까 차량 운반에서 발생하는 이산화 탄소와 같은 온실가스도 줄어들어. 그래서 공공 텃밭은 자연환경을 보호하는 데 아주 효과적이야.

뿐만 아니라 공공 텃밭은 도시 사람들의 삶에 훈훈한 인정을 불어넣기도 했어. 2010 공공 텃밭 프로젝트와 함께 뒤뜰 나누기Sharing Backyard, 한 줄 나누기Grow a Row, Share a Row처럼 텃밭에서 직접 기른 먹을거리를 가난한 사람들에게 나누어 주는 프로그램도 진행되었거든.

이제 텃밭은 중국 상하이, 베트남 하노이, 태국 방콕 등 소득 수준이 낮은 아시아 도시에서만 볼 수 있는 풍경이 아니야.

밴쿠버뿐만 아니라 미국 시애틀, 러시아 상트페테르부르크, 포르투갈 리스본, 독일 베를린, 캐나다 몬트리올과 토론토 등 유럽과 아메리카의 여러 도시에서도 텃밭 가꾸기가 적극적으로 일어나고 있어.

도시 농업은 도시의 공기를 맑게 하고, 환경을 아름답게 하며, 사람들은 노동을 통해 몸과 마음이 건강해지고, 먹을거리 나눔을 통해서 인정이 살아나는 등 좋은 점이 많다고 생각하는 사람들이 늘어나기 때문이지.

요즘 전 세계 도시에서 소비되는 먹을거리의 약 3분의 1이 도시 농업을 통해 생산된다는구나.

그런데 우리나라는 먹을거리를 수입 농산물에 의존하면서 농촌에서조차 놀리는 땅이 늘어나고 있어. 집 근처에 텃밭을 만들고 조금만 수고를 하면 싱싱하고 믿을 수 있는 먹을거리를 얻을 수 있어서 건강에도 좋고, 농산물 수입에 들어가는 외화도 절약할 수 있는데 안타까운 일이지.

또 텃밭에서 먹을거리를 직접 재배하면 자연스럽게 운동도 되는데 우리도 상추나 콩을 심을 빈 땅을 찾아볼까?

⭐ 단풍나무에서 얻어 내는 메이플 시럽

캐나다 국기는 흰 바탕에 빨간 단풍잎이 그려져 있어. 한 나라의 가장 대표적인 상징이 국기인데, 국기에 단풍잎이 그려진 것을 보면 캐나다의 단풍이 얼마나 유명한지 알겠지?

붉은 단풍이 온 세상을 붉게 물들이는 캐나다의 가을 풍경은 세계적으로 아주 유명하단다. 그중에서도 나이아가라에서 퀘벡시로 이어지는 8백 킬로미터의 '메이플 로드Maple road' 단풍이 가장 유명하지. 영어로 단풍나무가 메이플이니까, 도로 이름이 '단풍 길'인 거야.

이렇게 유명한 단풍으로 또 다른 유명한 상품이 생겼어. 바로 단풍나무에서 나오는 액체를 받아서 만든 메이플 시럽이란다.

세계 메이플 시럽 생산량의 75퍼센트가량이 캐나다에서 생산되는데 대부분 퀘벡 근처에서 만들어져. 봄이 오면 40년 이상 된 단풍나무에 작은 구멍을 뚫고 수액을 받는단다.

화학 약품이나 방부제처럼 보존료를 전혀 넣지 않은, 순수한 단풍나무 수액을 홍차나 더운물에 타서 마시면 몸속에서 노폐물이 빠져나가고 머리가 맑아진다고 해. 수액을 바로 물에 타서 먹기도 하지만 오래 보존하기 위해 옛날부터 메이플 시럽을 만들었어.

냄비가 없었던 시절, 원주민들은 수액을 나무통에 담은 뒤 깨끗이 씻은 돌을 불에 뜨겁게 구워 통에 담그기를 여러 번 반복했단다. 그래서 수액이

졸아들면 통에 넣어 추운 겨울까지 먹었어. 지금은 이렇게 힘든 방법 대신 수액을 냄비에 넣고 끓여서 만들어.

천연 웰빙 식품인 메이플 시럽은 과일 위에 뿌려 먹거나 여러 가지 요리에 설탕 대신 사용한단다. 어린이들은 겨울에 눈이 많이 오면 깨끗한 눈 위에 메이플 시럽을 뿌리고 나무젓가락으로 돌돌 말아서 사탕처럼 만들어 먹기도 해.

⭐ 서커스는 사양 산업이 아니랍니다

몬트리올 자크 카르티에 광장 근처에 세워진 '태양의 서커스' 천막 공연장, 2천7백 개의 좌석이 있는 넓은 공연장이지만 빈 좌석은 보이지 않았어.
어머나, 공중에 매달린 사람이 갑자기 줄을 잡고 있는 손을 놓아 버렸어.
우와, 금방 내려오는 다른 줄을 잡고 다시 공중으로 올라가네.
"깜짝이야. 떨어지는 줄 알았어."
공연을 보는 내내 안드레이는 소리를 질렀어. 화려하고 웅장한 무대 장치, 흔들리지 않는 서커스 묘기, 신나는 음악과 무용, 익살스러운 마임. 어느 것 하나 마음에 들지 않은 것이 없었거든.
"쉿, 많은 사람이 모인 곳에서는 큰 소리를 내면 안 돼."

어머니께서 주의를 주었지만 자기도 모르게 소리가 나오는 걸 어떻게 해.

서커스는 중세 시대에 시장에 사람들을 오게 하는 수단으로 만들었다고 해. 서커스는 수세기 동안 익살과 묘기로 사람들을 즐겁게 해 주었지만 영화나 연극 등 새로운 문화 산업이 발달하면서 점점 쇠퇴하기 시작했어. 우리나라에서도 많은 사람이 천막 공연장에서 벌어지는 서커스 공연을 보며 즐거워했던 적이 있었단다.

그런데 캐나다의 퀘벡주에서 사양 산업이라고 여겨졌던 서커스 공연이 화려하게 부활해 사랑을 받게 되었어. 사양 산업이란, 더 이상 돈을 벌기 힘들어 사라져 가는 산업을 말해.

1984년 캐나다 발견 450돌 기념 축제에서 서커스 묘기에 뮤지컬, 연극, 무용, 마임 등을 섞은 서커스가 많은 인기를 끌었어. 캐나다와 퀘벡을 대표할 문화 상품을 찾고 있던 퀘벡 정부는 눈이 휘둥그레졌고 서커스를 했던 '태양의 서커스'단을 지원하기로 작정했지.

이런 도움에 힘입어 태양의 서커스는 미국 라스베이거스에 진출할 수 있었고, 지금은 세계 최대의 공연 제작사로 성장했단다. 그리고 퀘벡 정부의 도움이 없어도 스스로 이익을 낼 수 있게 되었어.

40여 개 나라에서 모인 약 4천 명의 직원이 1년 동안 전 세계에 19개의 작품을 선보이는데, 최근에는 1년에 1천5백만 장 이상의 티켓이 팔린대.

미국 라스베이거스와 올랜도, 아시아의 마카오와 도쿄 등에서 10개의 상설 공연 팀이 공연을 하고, 이와 별개로 전 세계에서 9가지 순회공연을 펼치

고 있어. 2007년부터 우리나라에서도 태양의 서커스 공연을 볼 수 있게 되었단다.

한때 효자 수출 상품이었던 섬유나 신발 산업이 우리나라에서 사양 산업이 되었다는 소리를 들은 적이 있니? 그런데 캐나다의 새로운 문화 상품으로 태어난 서커스를 보니, 변화에 적응하려는 노력과 의지만 있다면 사양 산업도 화려한 부활을 꿈꿀 수 있다는 생각이 드는구나.

⭐ 북아메리카 나라들도 뭉치자!

유럽이 '유럽 경제 공동체*'를 중심으로 경제적인 협력을 위해 서로 뭉치자 북아메리카에서도 이런 움직임이 일어났어. 북미 자유 무역 협정NAFTA: North American Free Trade Agreement은 미국, 캐나다, 멕시코 등 북아메리카 세 나라가 자유 무역 지대를 만들기 위해 추진한 협정이야.

유럽 경제 공동체

프랑스·이탈리아·독일·벨기에·네덜란드·룩셈부르크·영국·아일랜드·덴마크 9개 나라가 가입한 공동체로, 서로 자유롭게 수출입하고 공동으로 농업 정책을 추진한다.

이 협정은 1990년 6월 멕시코의 살리나스 대통령이 미국에 먼저 요청해 이루어졌어. 미국의 자본과 기술, 캐나다의 자원, 멕시코의 노동력이 힘을 합치면 세계적인 경쟁력을 가질 거라고 본 거지.

북미 자유 무역 협정은 상품과 서비스뿐만 아니라 투자와 지적 재산권에 있어서도 자유 무역을 시행하며, 점차적으로 관세를 내리다가 협정이 발효된 1994년부터 15년 뒤에는 관세를 완전히 없애기로 했어. 이것으로 세계에서 가장 거대한 지역 경제 통합이 만들어졌단다. 그런데 2017년 트럼프 대통령은 북미 자유 무역 협정이 미국에 불리하다면서 재협상을 주장했어. 2018년 세 나라는 북미 자유 무역 협정을 미국·멕시코·캐나다 협정으로 바꾸기로 합의하여 지역 경제 통합은 계속 유지하기로 했어.

⭐ 수출은 늘었지만, 살림살이는 글쎄……

　미국 국경 지역에서 멀지 않은 멕시코 레이노사 공단에 있는 LG전자 공장. 수많은 멕시코인들이 일하고 있는 이 공장에서는 액정디스플레이 LCD 텔레비전과 유기발광다이오드 OLED 텔레비전을 만들고 있어. 한때 목화밭이었던 이곳은 LG전자, 노키아 등의 다국적 기업이 들어서면서 활기찬 공업 지역으로 변했단다.

　1980년대 마이너스 성장에 허덕이던 멕시코는 경제적인 어려움을 벗어나기 위해 북미 자유 무역 협정을 맺는 데 앞장섰어. 멕시코가 원했던 대로 수출과 투자는 크게 늘어났지.

협정 뒤 2년 만에 수출이 4배 늘었고 외국인의 투자도 많이 늘었단다. 하지만 소득 수준은 크게 나아지지 않았어.

멕시코는 1980년대 중반부터 관세를 물지 않고 들어온 부품과 원료를 이용해 완제품_{제작을 완전히 마친 상품}을 만들어 수출하는 '마킬라도라'라는 수출 자유 지역*을 만들었어. 멕시코의 저렴한 노동력을 이용해 외국 기업들이 멕시코에 투자하게 만든 거지.

LG전자가 있는 레이노사 공단도 마킬라도라의 하나야. 마킬라도라는 대부분 멕시코 북부의 미국 국경 근처에 있는 도시에 있어.

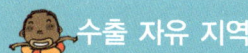

수출 자유 지역

정부가 외국인의 투자를 유치하고 수출을 진흥하려는 목적으로 면세 따위의 혜택을 주는 특정한 지역. 외국에서 수입한 원료로 제품을 만들어서 그것을 전부 외국으로 수출하므로 주로 항구나 국경에 인접한 지역에 위치한다.

마킬라도라에서 만들어지는 제품들이 대부분 미국으로 수출되고 있기 때문이지. 멕시코는 수출의 80퍼센트 이상을 미국에 해.

문제는 수출 1위부터 6위 가운데 멕시코 기업은 '국영 석유 회사_{정부에서 경영하는 석유 회사}' 하나밖에 없고 모두 미국 기업이라는 점이야. 또한 마킬라도라에서 현지 부품을 사용하는 비율은 3퍼센트에 불과해. 즉, 미국 기업들이 자기네 부품을 가져다가 값싼 노동력을 이용해 완제품을 만든 뒤 다시 미국으로 수출하는 거지. 그러니까 수출과 투자가 늘었다고 해도 멕시코 사람들에게 돌아가는 것은 노동력에 대한 임금뿐이야.

그래서 북미 자유 무역 협정이 멕시코 경제를 살리는 데 아무런 도움이 되지 않았고, 오히려 멕시코 경제를 더욱 미국에 종속되게 만들었다고 비판하는 사람들도 있어. 그런데 미국 노동자들은 북미 자유 무역 협정으로 자신들의 일자리가 줄어들었다고 불평해. 국가 전체로는 좋은 일이라고 해도 모든 사람을 만족시키는 결과를 얻기는 힘든가 봐.

⭐ 아무것도 사지 않은 날

옷장을 한번 열어 볼까? 계절이 다 가도록 한 번도 입지 않은 옷이 있을지 몰라. 책상 서랍을 열어 보면 쓰지 않고 내버려 둔 학용품도 있을 거야. 그런데 이런 물건을 두고 새 물건을 사는 경우가 많아. 유행이 바뀌고 더 좋은 물건이 나오면 새 물건을 사고 싶어지거든.

1992년 캐나다에서 광고 만드는 일을 했던 테드 데이브는 자신이 만든 광고가 소비를 부추기는 것에 갈등을 느꼈어. 사람들은 생활에 필요한 물건을 거의 가지고 있지만 광고의 유혹을 이기지 못하고 계속 물건을 사들이지.

그는 생각했어.

"충분할 만큼 충분하다. 이제 난 더 많이 사라고 끊임없이 부추기는 광고를 만드는 대신 '아무것도 사지 않는 날 Buy Nothing Day' 운동을 벌일 거야!"

1992년 9월, 캐나다에서 처음으로 아무것도 사지 않는 날 행사가 벌어졌단다. 항상 무엇인가를 갖기 위해 욕심을 부리면 늘 마음이 채워지지 않아. 또 우리 세대가 모든 자원을 다 써 버린다면 다음 세대가 사용할 자원은 남지 않게 될 거야. 아무것도 사지 않는 날은 하루 동안 아무것도 사지 않고, 우리의 소비 생활과 환경에 대해 생각해 보는 날이야.

세계에서 가장 소비를 많이 하는 나라인 미국 사람들도 아무것도 사지 않는 날 운동을 벌이기 시작했어. 미국 사람들은 추수 감사절과 크리스마스 때 가장 물건을 많이 사. 그래서 미국에서는 1997년부터 아무것도 사지 않는 날을 추수 감사절이 지나고 첫 금요일로 정했단다. 이를 계기로 많은 나라에서 11월 마지막 주에 아무것도 사지 않는 날 행사를 벌이게 되었어.

우리나라에서도 1999년부터 국내 환경 운동 단체인 녹색연합이 중심이 되어 아무것도 사지 않는 날을 지키고 있단다.

4. 중남부 아메리카 이야기

중앙아메리카는 북아메리카와 남아메리카를 연결하는 다리 역할을 하는 지역과 카리브 해의 작은 섬들로 이루어져 있어. 남아메리카는 안데스산맥이라는 거대한 산맥이 뼈대를 이루고 있는 넓은 대륙이야.

중남부 아메리카 나라들은 대부분 19세기에 유럽의 식민지 지배를 벗어나 독립 국가가 되었어. 그래서 이곳에는 백인과 인디오의 혼혈인 메스티소가 많이 살고 있단다.

독립 국가가 된 뒤에도 대부분의 나라에서 독재 정치가 이루어졌고 경제 발전도 이루지

못했어. 산업이 발달하지 못해서 요즘도 농수축산물이나 광산물과 같은 원료를 주로 수출하고 공산품은 수입하고 있단다. 전체적으로 국민 소득이 낮을 뿐 아니라 빈부 차이도 심해서 세계적으로 뒤떨어진 지역 중에 하나야.
이 지역 경제를 이끌고 있는 나라는 브라질과 아르헨티나야. 이들은 경제 발전을 위해 중남부 아메리카 국가들이 서로 뭉치는 데 앞장을 서고 있어.

⭐ 붉은 염료 나무의 나라, 브라질

에콰도르와 칠레를 제외한 남아메리카의 모든 나라와 국경을 접하고 있는 브라질은 대륙의 절반 정도를 차지할 정도로 이 지역에서 가장 넓은 나라야. 인구도 남아메리카에서는 첫 번째, 세계에서는 여섯 번째로 많지.

남아메리카 대부분의 나라가 스페인 식민지였는데, 브라질은 유일하게 포르투갈 식민지였단다.

포르투갈이 브라질에 관심을 가진 까닭은 붉은 염료를 얻을 수 있는 나무 때문이었어. 1500년 포르투갈 사람인 페드로 알바레스 카브랄은 낯선 해안에 도착했는데, 처음에는 별 관심이 없었어. 나중에 이곳에서 붉은 염료를 만들 수 있는 '브라질 나무'가 많이 자란다는 것을 알았지. 붉은 염료는 제법 돈을 벌 수 있는 상품이라, 포르투갈 사람들은 이곳에 관심을 갖게 되었단다.

"브라질이 많이 자라니까 이곳을 브라질이라고 부르면 되겠군."

브라질이라는 나라 이름은 이렇게 해서 정해진 거야.

브라질은 커피와 사탕수수 재배로 유명해. 사탕수수는 16세기 포르투갈 사람들이 옮겨 와 살기 시작하면서 재배되기 시작했어. 포르투갈 사람들은 이곳 기후가 사탕수수 재배에 아주 적합하다는 것을 알게 되자 원주민들을 노예처럼 부리며 사탕수수 재배에 열을 올렸단다.

커피는 비가 많이 오는 열대 기후에서 잘 자라는 식물이야. 커피 재배는 18세기부터 시작되었는데, 한때 세계 커피 생산량의 90퍼센트 가량을 생산

한 적도 있었단다. 지금도 브라질은 세계인이 마시는 커피의 30퍼센트를 생산하는 세계 제일의 커피 생산국이란다.

사탕수수와 커피 외에도 카사바, 바나나, 파파야, 오렌지, 코코아, 콩, 감귤류, 아보카도 등의 생산지로도 유명하지. 뿐만 아니라 철, 금, 망간, 보크사이트, 주석, 크롬 등의 광물과 석유, 석탄, 천연가스 등의 에너지 자원도 풍부한 나라야. 한마디로 엄청난 천연자원을 가진 축복받은 나라라고 할 수 있어.

이렇게 훌륭한 자연 조건에도 불구하고 오랫동안 정치적인 불안으로 경제 발전을 이루지 못해, 대부분의 국민이 가난하게 살고 있어. 하지만 최근 들어 정치적인 안정과 함께 빠른 경제 성장을 이루어 내면서 신흥 경제국을 일컫는 브릭스BRICs : 브라질, 러시아, 인도, 중국의 영문 첫 글자를 합친 말라는 말을 만들어 낼 정도로 주목받는 나라가 되었단다.

⭐ 카나리아 군단의 축구 선수가 되어야지!

브라질 북동부 도시 살바도르에 살고 있는 베또 마노스는 이제 겨우 다섯 살이지만 벌써부터 국가 대표 축구 선수가 되고 싶은 꿈을 가지고 있단다.
세 살도 되기 전부터 부모님은 축구공을 가지고 놀게 하면서 이렇게 말씀하셨어.
"베또 마노스는 펠레와 같은 축구 선수가 될 거야."
부모님은 매일 눈만 뜨면 축구공을 가지고 노는 베또를 보면서 좋아한단다.

브라질은 세계에서 빈부 격차가 가장 심한 나라 중에 하나야. 경제는 빠른 속도로 발전하고 있지만 인구의 20퍼센트 정도에게만 발전의 혜택이 돌아갈 뿐 나머지 사람들의 생활은 별로 나아지지 않고 있어.
선진국에서는 기업의 최고 경영자CEO*, 의사나 변호사와 같은 전문직 종사자뿐만 아니라 회사원이나 자영업자 등 대부분 사람들이 생활하는 데 불편을 느끼지 않을 정도의 돈을 벌고 있어. 하지만 1인당 국민 소득이 낮고

빈부 차이가 심한 브라질이나 아르헨티나, 우루과이를 포함한 대부분의 남부 아메리카 나라는 일부 부자를 제외하고 대다수 사람들의 생활 수준이 아주 낮아.

최고 경영자
CEO : Chief Executive Officer

회사를 대표하는 사람으로 직원을 뽑거나, 생산과 판매, 기술 개발과 같은 회사를 꾸려 나가는데 가장 중요한 일을 최종적으로 결정하는 사람이다.

브라질에서 가난한 사람들이 가장 많이 살고 있는 북동부 지역에서는 아들을 낳으면 누구나 카나리아 군단의 축구 선수로 키우고 싶어 한단다. 카나리아 군단은 노란 유니폼을 입은 브라질 국가 대표 축구팀을 부르는 별명이야.

브라질은 1930년 월드컵 대회가 개최된 이후 월드컵에서 무려 다섯 번이나 우승을 한 나라야. 그래서 브라질 국가 대표 축구 선수는 모두 세계적인 축구 선수인데, 이들이 유럽 유명 축구팀의 선수가 되면 엄청난 연봉을 받게 되지.

이곳에 사는 가난한 사람들이 돈을 많이 버는 방법은 유명한 축구 선수가 되어 유럽 명문 축구팀으로 뽑혀 가는 길뿐이라고 생각한 거야. 그래서 아들이 자라서 유명한 축구 선수가 되기를 바라는 거지.

⭐ 대서양과 태평양을 이어 주는 파나마 운하

　차그레스강을 막아 만들어진 가툰 호수에는 매일 컨테이너를 잔뜩 실은 배가 지나간단다. 태평양을 거침없이 가로질러 온 배들은 파나마 시티에 도착해 파나마 운하를 지나가는 동안 숨 고르기를 하며 속도를 늦추지. 콜론 지역을 빠져나와 대서양으로 나아가면 다시 마음껏 바닷길을 헤쳐 나간단다.
　3백만 년 전 화산 활동으로 생겨난 중앙아메리카는 떨어져 있던 두 대륙, 북아메리카와 남아메리카를 이어 주었어. 대신 거대한 두 바다 태평양과 대서양 사이는 막혀 버렸지. 그래서 대서양에서 태평양으로 나아가려면 남아메리카를 빙 돌아서 가는 수밖에 없었단다.
　자연환경을 극복할 기술력을 가지게 되자 사람들은 두 바다 사이를 연결하는 운하를 만드는 일을 계획했어.
　운하는 육지에 인공적으로 만든 물길이야. 아주 오랜 옛날에는 마시거나 농사에 필요한 물을 얻기 위해서 운하를 만들었어. 나중에는 육지에서도 사람이나 상품을 실어 나르는 배가 다닐 수 있도록 운하를 만들었지. 중세 유럽에서는 상품 수송의 약 85퍼센트가 강과 강을 이어 주는 운하를 통해 이루어졌다고 해.
　1502년 스페인은 식민지에서 나오는 금과 은을 손쉽게 실어 나르기 위해 운하를 만들 계획을 세웠는데, 은 생산량이 줄어들자 흐지부지되고 말았어.
　300년이 흐른 뒤, 파나마 운하 건설을 위한 본격적인 움직임이 시작되었

단다. 1880년 수에즈 운하를 건설해 경험을 쌓았던 프랑스의 레셉스 백작이 공사를 맡았지. 하지만 공사에 필요한 돈도 부족했고, 전염병으로 인부 약 2만 명이 목숨을 잃는 사고가 일어나서 공사는 중단되고 말았어.

1904년 미국이 다시 공사를 시작한 지 10년 뒤 82킬로미터의 운하가 완성되었단다. 배가 운하를 빠져나가는 데 걸리는 시간은 약 8시간으로, 기다리는 시간을 합쳐도 하루면 대서양에서 태평양으로 빠져나갈 수 있게 된 거지.

운하 운영권은 미국이 가지고 있었는데, 이를 두고 미국과 파나마는 계속 다툼을 벌였지. 다툼은 1977년에 맺어진 '파나마 운하 조약'으로 일단 매듭이 지어졌어. 1999년까지만 미국이 운하 운영권을 갖고 이후에는 파나마 정부가 운하를 관리하기로 한 거야.

파나마 운하를 통해 가장 많이 운송되는 상품은 원유와 석유 제품, 곡물, 석탄과 역청탄 등이야. 1년 동안 운하를 이용하는 선박의 수는 1만 5천 척으로 세계 무역량의 약 5퍼센트 정도가 이곳을 거친다는구나. 특히 중국, 일본, 한국과 북아메리카 사이에 거래되는 상품의 8퍼센트가 이곳을 통과하지.

파나마 공화국은 운하로 인해 매년 약 25억 달러의 사용료 수입을 거두어들였어. 그리고 2007년부터 운하를 넓히는 공사를 시작했단다.

2006년 10월 22일, 운하 확장에 대한 국민 투표를 했는데, 파나마 국민들은 돈을 들여서 운하를 확장하고 통행료를 점차 올리는 것이 이익이라고 판단했거든. 확장 공사는 2016년 6월에 마무리가 되었어.

파나마 운하는 태평양과 대서양을 넘나드는 무역에 걸리는 시간을 엄청나게 단축시켰어. 그런데 왜 우리나라 대운하 건설 이야기가 나왔을 때는 반대하는 사람들이 많았을까?

어느 곳이든지 운하를 만든다고 해서 모두 효과가 있는 것은 아니기 때문이야. 막대한 비용을 들여서 자연을 파괴하면서까지 운하를 만들어야 하는지 의문을 갖는 사람들도 있거든.

운하 건설과 같은 대공사는 건설로 얻을 수 있는 효용과 우리가 지불해야 하는 비용을 잘 따져 보면서 해야 된다는 사실을 잊지 말아야 해.

⭐ 산티아고의 한국 전자 제품

칠레는 안데스산맥과 태평양 사이에 남북으로 길게 뻗어 있는 나라로 세계에서 세로로 가장 긴 나라란다. 또 세계 구리 생산의 약 20퍼센트를 차지하는 세계 제1의 구리 생산국이야.

칠레 거리에서는 한국에서 만든 자동차를 자주 볼 수 있어. 한국 기업의 대형 광고판도 많아. 주부들은 한국에서 수입한 컬러텔레비전, 휴대폰, 냉장고, 전자레인지 등을 아주 좋아해. 반대로 한국에서는 칠레 과일과 포도주를 흔히 볼 수 있지.

칠레에서 한국의 공산품 수입이 늘어나고, 반대로 한국에서는 칠레 농산물 수입이 늘어난 것은 두 나라가 맺은 자유 무역 협정(FTA: Free Trade Agreement)이 2004년 4월부터 발효되었기 때문이야.

FTA를 맺게 되면 협정을 맺은 나라끼리는 관세를 내리기 때문에 다른 나라보다 유리한 조건으로 무역이 이루어져. 앞에서도 설명했듯이 관세는 물품을 수입하거나 수출 등을 할 때 내는 세금인데, 관세를 매기는 이유는 국내 산업을 보호하기 위해서야. 관세를 매겨서 수입 상품의 가격을 비싸게 하면 국내에서 생산된 상품에 비해 경쟁력이 떨어지거든.

그런데 FTA를 맺으면 관세를 적게 매겨 수입품이 싸져. 가격이 싸지면 팔리는 양이 많아지고 수입이 늘어나게 되지. 그러면 국내 상품의 판매가 줄겠지. 그런데 값이 싼 수입품은 국내 물가를 안정시키는 역할도 해.

칠레와 FTA를 맺은 뒤 우리나라 시장에는 칠레에서 수입한 과일이나 포도주가 늘어났고, 칠레 시장에는 전자 제품을 비롯한 한국의 공산품이 늘어났단다.

　FTA는 세계적인 추세라 우리가 물건을 수출해야 하는 나라가 다른 나라와 먼저 FTA를 맺는다면 우리는 수출할 시장을 잃어버릴 수도 있어.

　반대로 우리가 다른 나라와 FTA를 먼저 맺고, 유리한 조건으로 수출을 한다면 우리 상품의 경쟁력이 커지기 때문에 그 나라와의 무역을 늘릴 수 있어. 그래서 FTA가 국가 전체적으로 이익이라고 판단해서 다른 나라와 계속 FTA 협상을 벌이는 거란다.

하지만 FTA가 좋다고만 할 수도 없어. 값싼 농수축산물의 수입이 늘어난다면 국내에서 농수축산물을 생산하지 않게 돼. 왜냐하면 수입 농수축산물의 가격이 너무 저렴하기 때문에 국가가 나서서 특별한 지원을 하지 않는 한 우리나라 농수축산물은 수입품과 가격 경쟁이 되지 않거든.

그렇게 되면 이런 농수축산물을 시장에 내놔 봐야 팔리지 않을 게 뻔하니까 생산을 해 봐야 손해만 보겠지.

농수축산물 산업이 무너지면 이 분야에서 일하는 사람들은 삶의 터전을 잃어버릴 수도 있어. 그래서 농민들이 FTA 체결에 대해 극심한 반대를 하는 거란다.

저렴한 농수축산물을 수입하면 되니까 우리 농수축산업이 침체되어도 별 문제가 없을 거라고 생각하는 사람들도 있어.

그러나 수입을 할 수 없는 비상사태가 발생해 먹을거리가 부족하게 된다면 어떻게 될까? 국민들의 기본적인 식생활이 위협을 받을 수도 있을 거야. 이런 위험에 빠지지 않으려면, 우리의 농수축산업을 보호하는 정책이 절실히 필요해.

⭐ 돈이 많아도 살 수 없는 물건

"이런, 차가 움직이지 않아."

아코피아도의 가족은 바닷가에서 해가 지는 모습을 보기 위해 아바나 사람들의 쉼터인 말레나 방파제로 가고 있었어. 그런데 도중에 자동차가 고장이 나 버렸단다.

"또 고장이야! 한 달 전에도 갑자기 멈춰서 고생했는데."

아코피아도가 투덜거리자 어머니께서 말씀하셨어.

"할아버지께서 물려준 자동차인데 고장이 안 나면 이상하지. 그래도 손을 보면 움직이니 감사하지 뭐야."

아코피아도 가족이 타고 다니는 자동차는 만들어진 지 50년이 넘었단다. 그런 고물차를 아직도 타고 다닌다니 믿을 수 없다고?

쿠바의 수도 아바나의 거리를 누비고 다니는 자동차는 대부분 1950년대에 만들어진 것들이야. 그래서 아바나는 '살아 있는 자동차 박물관'이라고 불린단다. 아바나에 이런 고물차가 많은 까닭은 쿠바가 자동차를 만들 수도 없고, 수입도 할 수 없기 때문이야.

1959년 쿠바에서는 독재자를 몰아내기 위한 혁명이 일어났어. 혁명 지도자였던 카스트로는 미국과의 관계를 끊고, 쿠바가 사회주의 국가임을 선언했지. 이를 못마땅하게 여긴 미국은 쿠바에 대한 경제 봉쇄 정책을 취했어.

경제 봉쇄 정책이란, 어느 나라에 대해 다른 나라와 무역을 못하게 만들어 경제적으로 어려움을 겪도록 하는 정책이야.

쉽게 말하면 경제 활동에 제한을 주면서 국제적으로 왕따를 시키는 거지. 쿠바에 화물을 싣고 갔던 선박은 6개월 동안 미국 항구에 들어올 수 없게 하고, 쿠바에서 생산된 니켈을 수입하는 외국 기업들은 미국에 수출을 하지 못하도록 했단다.

쿠바는 다른 나라와 마음대로 무역을 하지 못하는 나라가 되었지. 그래서 자동차나 버스와 같은 교통수단을 수입하지 못해 아직도 1950년대에 미국에서 만들어진 자동차를 수리해서 사용하고 있어.

미국에서 자동차 부품도 수입하지 못하니까 비슷한 부품을 만들어서 대충 고쳐서 사용한단다. 그러니까 차가 달리는 도중에 갑자기 멈추어 버리는 일이 흔히 일어나. 대중교통 수단으로는 트럭을 개조해 만든 길이 20미터의 트레일러 버스가 이용된단다.

무역을 하는 중요한 이유 중 하나는 나라마다 기술력이나 산업화 수준이 다르기 때문이야. 기술력이 떨어지는 나라들은 자기 나라에서 만들어 내지 못하는 비행기나 선박, 자동차와 같은 물건을 수입하지.

하지만 쿠바는 다른 나라와 무역이 자유롭지 못해 마음대로 물건을 수입할 수 없어. 그래서 쿠바에서는 돈이 있어도 살 수 없는 물건이 많단다.

⭐ 유기농 과일과 채소만 먹어요

　미국의 경제 봉쇄 정책으로 곤란을 겪던 쿠바는 소련의 원조를 받으며 어렵게 살았어. 그런데 1991년 소련이 붕괴되자, 당장 먹고살 식량을 마련할 길이 아득해졌어.

　그동안 식량의 대부분을 사회주의 나라에 의지한 채 사탕수수, 커피, 담배 등 주로 수출용 작물만 재배했거든. 심각한 식량 부족으로 국민들의 체중이 평균 10킬로그램이나 줄었단다.

　쿠바 정부는 농업 분야에 대한 개혁을 추진했지. 다른 나라에서 화학 비료나 농약을 수입할 수 없었으므로 화학 비료를 쓰지 않고 자연 퇴비와 지렁이, 바이오 기술을 이용한 유기 농업을 시작했어.

　또 도시 농업에 힘을 기울였어. 발코니와 텃밭, 마을의 공터와 쓰레기 매립장 등 도시의 비어 있는 대부분의 땅에 곡식과 채소를 심었단다.

　친환경 농업을 시작한 지 10년이 지나자 죽었던 땅이 되살아났고, 농산물 생산량도 크게 늘어났어. 1990년 43퍼센트였던 식량 자급률이 95퍼센트로 높아졌단다. 한 나라 안에서 필요한 식량 중 그 나라 안에서 생산해 공급되는 비율을 '식량 자급률'이라고 해.

　고기를 좋아했던 사람들이 유기 농산물 중심으로 식단을 바꾸자, 질병 발생률도 30퍼센트나 낮아졌다고 해.

　잠깐, 우리나라에 너무 많은 먹을거리가 수입된다고 걱정하는 소리를 들

은 적이 있지? 기술력 부족으로 만들 수 없는 물건뿐만 아니라 국내 생산품보다 수입품이 훨씬 싼 물건도 수입이 이루어진단다. 우리나라의 농수축산물이 그런 경우야.

우리나라의 식량 자급률은 1965년에는 90퍼센트를 넘었는데, 1980년대 이후부터는 50퍼센트 이하로 떨어졌어.

만약 우리가 많은 농산물을 수입해 오는 중국이 우리에게 어떤 압력을 가하려고 갑자기 수출을 중단한다면 어떤 일이 벌어질까? 울며 겨자 먹기로 다이어트를 하면 된다고?

1년 이상 굶주려야 한다고 생각하면 그렇게 태평한 말을 할 수 없을걸. 식량 자급률이 너무 낮으면 먹을거리로 인해 곤경에 빠질 위험을 항상 지니고 있는 셈이야.

그래서 우리는 아직 실시하지 않지만, 국내에서 생산되는 식량의 양이 일정 수준을 유지할 수 있도록 식량 자급률 목표를 설정하는 나라들이 있단다.

✦ 자연 보호가 곧 경제력, 자연의 천국 코스타리카

바나나와 커피, 설탕, 파인애플 등 농산물이 주요 수출품인 코스타리카는 중앙아메리카에서 가장 생활 수준이 높고, 빈부 차이가 적은 나라야. 동물과 꽃을 사랑하며 여유 있는 마음으로 살다 보니 평균 수명도 80세가량으로 이 지역에서 가장 길단다.

행복한 지구 지수
HPI : Happy Planet Index

영국 신경제재단이 기대 수명, 삶의 만족도, 환경오염 지표 등을 평가해 만든 국가별 행복 지수. 2016년 7월 발표에 따르면 행복 지수 1위는 코스타리카가 차지했다.

코스타리카는 단위 면적당 가장 다양한 생물이 살고 있는 나라지. 북아메리카와 남아메리카는 원래 서로 떨어진 대륙이었어. 그런데 3백만 년 전 화산 활동이 활발해지면서 바다였던 곳이 육지가 되어, 이 두 대륙을 이어 주었어.

코스타리카는 두 대륙을 이어 주는 다리 역할을 하고 있단다. 수많은 생물이 이곳을 통해 이동하면서 생물의 종류가 다양해졌어. 전 세계 다양한 동식물 중에 4퍼센트에 해당하는 종류가 이 나라에 살아. 이곳에 있는 곤충은 36만 종인데, 나비의 종류만 무려 1만 4천 종이라고 해.

환경이 파괴되면 동식물이 멸종하는 경우가 있어. 생물의 종류가 많다는 것은 그만큼 자연환경이 좋다는 의미이기도 해.

그런데 코스타리카에서도 생태계가 파괴될 위기를 맞은 적이 있었단다. 1950년대부터 정부에서 목축을 장려해 무차별적으로 나무를 베는 바람에 국토의 72퍼센트였던 숲이 30퍼센트 미만으로 급격히 줄어들었어.

다행히 정부가 다시 숲을 살리기 위해 1970년대부터 국립공원을 지정하기 시작했지. 현재 전 국토의 4분의 1이 국립공원이나 각종 보호 구역으로 지정되어 있단다.

자연을 보호한다고 개발하지 못하면 경제 발전이 늦어져 국민 소득이 늘지 않을 텐데 어떻게 잘사는 나라가 되었을까?

코스타리카 사람들이 택한 것은 이런 자연을 관광 상품으로 만드는 거였어. 1990년대 초부터 생태계 다양성을 통해 삶의 질을 향상시킬 수 있다며 생태 환경의 중요성을 널리 알리기 시작했지.

자연 위주의 생태 관광에 대한 관심이 높아지자 이곳을 찾는 관광객들이 자연스럽게 늘어났어. 현재 이 나라 제1의 산업은 관광 산업으로 관광 서비스업이 국가 경제의 60퍼센트 정도를 차지하고 있어.

그렇다고 무작정 관광객을 받아들이지는 않아. 숲을 보호하기 위해 각 오솔길마다 정해진 수만큼만 관광객을 들어가게 해 숲이 파괴되는 것을 막고 있단다. 하늘이 내린 아름다운 자연을 그대로 지키는 것이 코스타리카의 미래를 위하는 가장 확실한 길이거든.

★ 배낭여행자들의 천국 안티구아

"올라, 꼬모 에스따스 Hola, Cómo Estás?"

산드라는 골목길에서 만난 아저씨에게 손을 흔들며 '안녕하세요?'라는 인사를 했어.

아저씨도 활짝 웃으며 말했지.

"올라, 꼬모 에스따스? 꾸알 에스 뚜 놈브레
Cuál es tu nombre?"
아저씨는 인사에 답하며 이름을 물어보았어.

사실 산드라는 처음 보는 아저씨에게 인사를 한 거야.

산드라가 사는 안티구아는 도시 전체가 유네스코* 세계 유산에 등록되어 있어. 1773년, 대지진으로 파괴될 때까지 200년 동안 옛 과테말라 왕국의 수도여서 옛 건물이 많고 유명한 조각, 그림, 유적이 많거든.

유네스코
UNESCO : United Nations Educational Scientific cultural Organization

국제 연합 교육 과학 문화 기구. 교육, 과학, 문화를 보급하고 국제 교류로 나라 사이에 이해를 돕고 세계 평화를 추구한다. 프랑스 파리에 본부가 있다.

산드라는 자기 고장에 찾아오는 사람은 모두 내 집 손님 같은 생각이 들어서 길에서 마주치면 무조건 인사를 한단다. 인사를 받은 사람들은 즐겁게 받아 주지. 때로는 손짓 발짓까지 섞어 가며 스페인어로 이야기를 나누려는 사람들도 있어.

수많은 도시 중에서 인구 3만 명의 작은 도시인 안티구아가 중앙아메리카 최고의 여행지가 된 비결은 무엇일까?

과테말라는 중남부 아메리카로 가는 길목이야. 이 대륙에서 가장 많이 사용되는 언어는 스페인어지. 배낭여행을 하기 위해 갖추어야 할 것 중 하나는 의사소통을 할 수 있는 어학 능력이야. 그러니까 중남부 아메리카에서 배낭여행을 하려면 스페인어를 할 줄 알아야 해.

안티구아는 아주 저렴한 가격에 스페인어를 배울 수 있는 곳이야. 스페인어 학원이 무려 40여 개나 있는데 대부분 일대일 수업이 이루어지고 수업료도 싸거든. 그래서 사람들은 여행 시작 전에 이곳에 일주일 이상 머물면서 간단한 스페인어를 배워.

어학 실력이 늘어 가는 재미와 안티구아에서 생산되는 과테말라 최고의 커피 향기에 취해 예정보다 이곳에서 오래 머무는 사람도 많단다.

우리는 흔히 여행객들은 유명한 유적지나 경치가 좋은 곳을 찾아갈 거라고 생각해. 그런데 안티구아 사람들은 국제화 시대에는 언어 연수도 외국 여행객을 끌어들이는 좋은 조건이 될 수 있다고 판단했단다.

그래서 가격이나 품질 면에서 경쟁력을 가진 스페인어 연수 상품을 개발했지. 어학연수 상품의 성공으로 안티구아는 항상 다른 나라 사람들끼리 자유롭게 만나 이야기를 나누는 재미에 빠진 여행객들로 북적거리는 도시가 되었단다.

★ 산 위의 소금 호텔

남아메리카의 서쪽에 있는 안데스산맥은 세계에서 가장 긴 산맥이야. 가장 높은 봉우리가 거의 해발 7천 미터나 되고 낮은 지역이라고 하더라도 해발 3천 미터 이상인, 지구상에서 가장 장엄한 지역이란다. 백두산의 높이가

2천7백 미터라고 하니, 얼마나 높은지 짐작이 되겠지?

그런데 놀랍게도 이곳이 아주 오랜 옛날에는 바다였다는구나. 그 증거로 들 수 있는 것이 볼리비아에 있는 '우유니 소금 사막'이란다. 해발 3,653미터의 높이에 있는, 우리나라 전라남도 크기의 땅이 온통 소금으로 가득한 곳이지. 바다였던 곳이 지각 변동으로 솟아올라 안데스산맥이 되고, 빙하기를 거쳐 녹기 시작하면서 거대한 호수가 만들어졌다고 해.

그 뒤 세월이 흐르면서 건조한 기후 때문에 물은 모두 증발하고 소금만 남아 소금 사막이 된 거란다.

소금의 양은 최소 100억 톤이라고 추측하는데, 두께는 1미터에서 최대 120미터야. 비가 오는 12월부터 3월까지는 물이 고여 얕은 소금 호수가 만들어진다고 해.

산간 지대에 위치한 볼리비아는 농사를 지을 수 있는 땅이 국토의 3퍼센트 정도밖에 되지 않는 나라야. 그래서 예전에는 주민들이 곡괭이와 끌을 사용해 채취한 소금을 라마_{남아메리카에 사는 낙타과 동물}에 싣고 안데스 곳곳을 누비며 쌀과 옥수수를 비롯한 생필품과 교환했대. 험준한 안데스산맥을 넘어 칠레와 아르헨티나까지 소금을 팔러 가기도 했단다.

지금은 정부 인가를 받은 회사에서 소금을 채취해 트럭에 싣고 공장으로 가져가서 이를 정제된 식용 소금으로 만들어.

볼리비아는 남아메리카 대륙에서도 가장 못사는 나라 중에 하나야. 혹시 소금을 잘 활용하면 살림살이가 좀 나아지지 않을까? 천연 소금의 우수성을 홍보해 수출을 늘리거나, 온 세상이 눈이 내린 것처럼 보이는 아름답고 특이한 경관을 널리 알려서 관광 수입을 올리든지 해서 말이야.

    이곳에 세워진 소금 벽돌을 재료로 한 소금 호텔은 이런 시도 가운데 하나란다. 식탁은 물론 침대와 모든 실내 장식품을 온통 소금으로 만들었어. 소금 호텔에 대한 입소문이 나면서 이곳은 신기한 것을 보려는 관광객들로 붐비고 있지.

★ 석유가 생수보다 싸다고?

    2018년 6월 미국의 여론 조사 기관인 갤럽은 2017년에 이어 2018년에도 세계에서 가장 위험한 나라는 베네수엘라라고 발표했어. 비슷한 시기 베네수엘라 국회는 2018년 5월 말까지 물가가 전년 대비 2만 4600퍼센트 올랐다고 발표했지. 이렇게 엄청난 물가 상승으로 생활이 어려워지자 베네수엘라 국민의 약 10퍼센트인 400만 명이 자기 나라를 떠났다고 해.

    1980년대 베네수엘라의 1인당 국민 소득은 남아메리카 대륙에서 가장 높았어. 2016년 말 기준 확인된 원유 매장량은 세계 1위일 정도로 자원도 풍부하지. 그런데 왜 세계에서 가장 위험하고 살기 힘든 나라가 되었을까?

    1999년 베네수엘라 정부는 석유 수출로 번 돈으로 서민 주택과 국민차 공급, 저렴한 가격의 생필품 제공, 무료 보건 의료, 교육 사업을 할 거라고 발표했어. 많은 국민들은 지상 낙원을 꿈꾸며 환호성을 질렀지. 직접 농사를 짓지 않는 사람들이 가졌던 땅은 농민들에게 나누어 주었고, 씨앗과 비료, 농기계 판매는 물론 석유, 통신, 전기, 철강 및 기타 중요한 산업도 모두 정부가 소유하는 공기업이 맡아서 했어. 국민들의 기본 생활비도 정부가 부담하는 정책을 실시했지.

그런데 모든 경제 활동을 정부가 통제하면서 베네수엘라의 경제 활동은 아주 불합리하게 돌아갔단다. 휘발유 가격을 예로 들어 볼게. 2000년대 베네수엘라의 휘발유 가격은 세계에서 가장 저렴해서 휘발유 1리터의 가격이 생수 가격의 15분의 1 정도였어. 베네수엘라 석유공사는 무조건 정부가 정한 가격으로 석유를 공급했고, 이로 인한 손해는 모두 정부 보조금으로 메웠지. 가격이 싸다 보니 국민들의 낭비가 심해져서 휘발유 소비량은 계속 늘어났어. 차에 가득 휘발유를 채우고 가격이 15배나 높은 이웃 나라로 가서 몰래 팔고 오는 사람도 생겼지.

기업들은 경쟁력 있는 가격으로 상품을 공급할 필요성을 느끼지 못해서 모든 산업은 국제 경쟁력을 잃어버렸고, 생활필수품은 모두 수입에 의존하게 되었어. 국제 원유 가격이 높았을 때는 원유 수출 대금으로 나라 살림을 꾸려 갈 수 있었단다. 하지만 2015년 국제 원유 가격이 하락하면서 생활필수품을 수입할 돈이 없어지자 슈퍼마켓의 진열대는 텅텅 비게 되었어. 끼니조차 해결하기 어려운 상태로 사는 데 지치자 국민들은 급기야 나라를 떠나게 된 거야.

국가 경제는 첨단 기술로 무장한 국제적인 경쟁력을 갖춘 기업이 많아야

지속적으로 성장할 수 있어. 그래서 대부분 나라는 자기 나라 기업이 세계 시장에서 경쟁력을 가질 수 있도록 기술 발전을 도와주는 경제 정책을 펴고 있지. 그런데 베네수엘라는 경제 기반을 다지는 일은 접어 두고 당장의 정치적 인기만 얻기 위해 사탕발림과 같은 경제 정책을 실시했어. 뿐만 아니라 자원의 국유화와 국가의 통제력을 강화해 시장의 기능을 빼앗았던 거지. 시장의 흐름과 거꾸로 가는 경제 정책의 결과는 정말 참혹하지?

✦ 중남부 아메리카도 서로 뭉쳐야 해, MERCOSUR

2008년 12월 중순 브라질의 살바도르에서 남미공동시장 정상 회의가 열렸어. 베또 마노스의 아버지는 중미통합체제SICA와 카리브공동체CARICOM에 속한 나라들의 정상도 함께 참석했다고 아주 기뻐하셨어.

"중남부 아메리카의 모든 나라가 힘을 합치면 우리도 잘살 수 있을 거야."

아버지의 말에 어머니께서 맞장구치셨어.

"그럼요. 베또 마노스가 어른이 될 때도 지금처럼 가난하게 살면 안 되죠."

메르코수르*는 'Mercado Común del Sur'라는 말의 줄임말로 '남쪽Sur의 공동Común 시장Mercado'이라는 뜻이야.

1980년대 남아메리카 경제를 대표하는 브라질과 아르헨티나 두 나라가 경제 협력을 위해 뭉치기로 했어. 1991년에는 우루과이와 파라과이까지 뜻을 같이해 지역 경제 공동체를 만들기로 했지.

남미공동시장

메르코수르MERCOSUR라고도 한다. 회원국끼리는 관세를 없애고 수출입 업무를 간소화하는 등의 내용을 협의했다. 현재 한국은 남미공동시장과 자유 무역 협정 체결을 협상 중이다.

1995년부터 이들 나라 사이에서 생산되는 물품의 약 90퍼센트는 관세 없이 거래되고 있어. 한 걸음 더 나아가 칠레, 볼리비아, 페루, 멕시코, 베네수엘라까지 힘을 합쳐 남아메리카 자유 무역 지대를 만들기 위한 협상이 이루어지고 있단다.

중미통합체제^{SICA}는 1991년 중앙아메리카의 발전을 위해 만든 통합 단체로 벨리즈, 코스타리카, 엘살바도르, 과테말라, 온두라스, 파나마, 도미니카 공화국 등이 속해 있어. 1973년 설립된 카리브공동체^{CARICOM}는 자메이카, 수리남, 트리니다드 토바고, 그레나다, 아이티 등 15개 나라로 이루어져 있지.

남미공동시장, 중미통합체제와 카리브공동체에 속한 나라들의 정상들이 모두 한자리에 모였다는 것은 이제 중남부 아메리카가 경제적인 이익을 위해 함께 힘을 합치겠다는 신호라고 할 수 있단다.

'세계 무역 기구$^{WTO : World\ Trade\ Organization}$'는 세계 모든 나라 간의 무역에 대해 관세를 없애는 등 자유로운 무역이 이루어져야 한다고 주장해. 그러나 실제로는 지역적으로 가까운 나라끼리만 관세를 낮추는 등 특정 지역 나라들이 서로의 경제적 이익을 위해 뭉치는 움직임은 더욱 활발해지고 있단다.

5. 오세아니아 이야기

오세아니아는 오스트레일리아와 뉴질랜드를 포함해 남태평양 바다 위에 흩어진 수많은 섬으로 이루어져 있어.

유럽 사람들이 오세아니아에 발을 내디딘 시기는 17세기부터야. 이곳 섬들을 발견한 스페인, 네덜란드, 영국, 프랑스와 독일 등에 점령당하면서 세계 역사 속으로 들어왔지. 제2차 세계 대전 이후 적도 북쪽 섬들은 거의 미국의 지배를 받게 되어 '미국의 호수'라고 부르기도 한단다. 그러나 1962년 서사모아가 독립한 것을 시작으로 나우루, 통가, 피지, 파푸

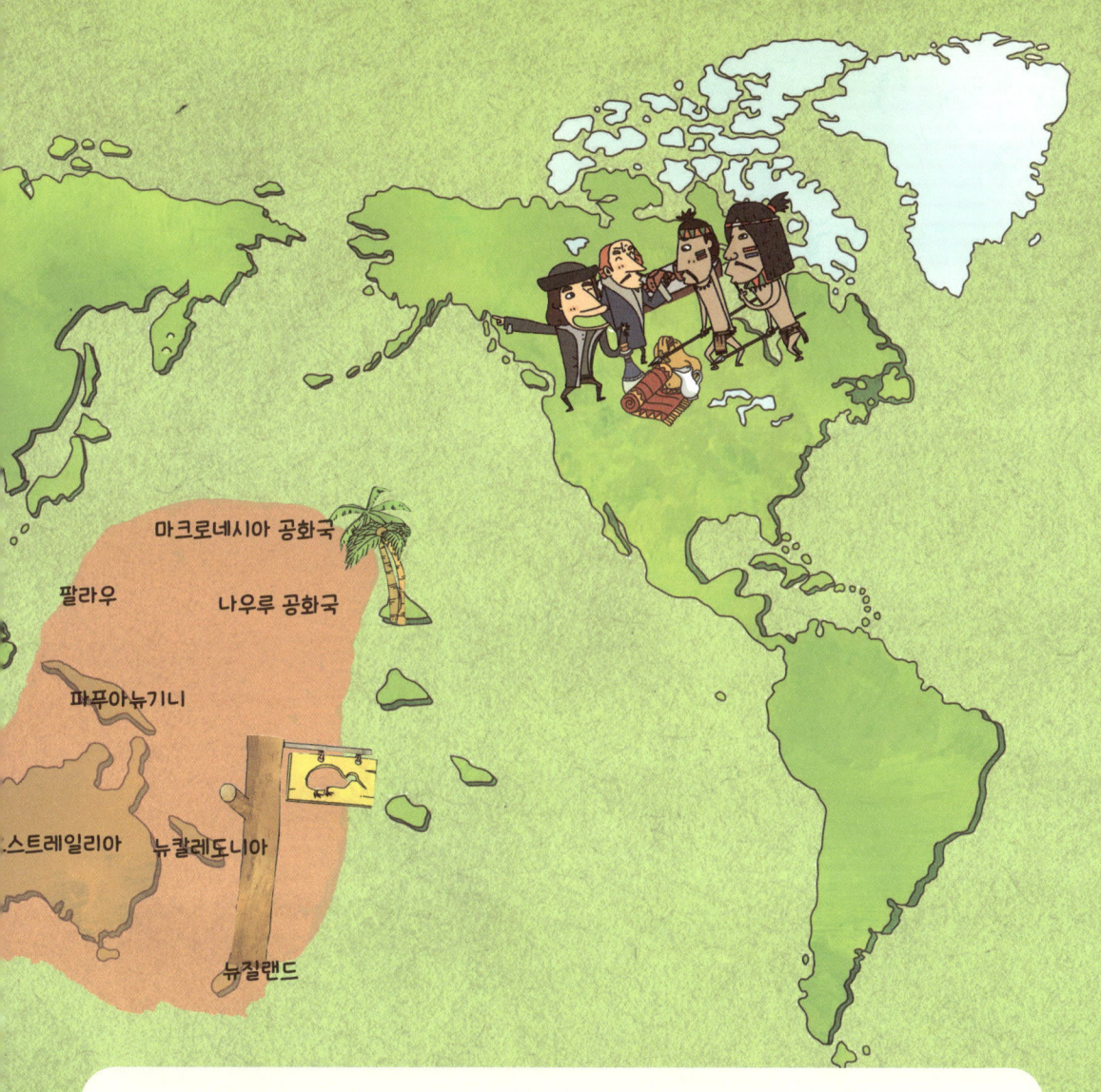

아뉴기니, 솔로몬, 투발루 등 지속적으로 독립 국가들이 늘어났어.
오스트레일리아와 뉴질랜드를 제외한 대부분 지역의 주요 산업은 농업, 수산업, 목축업 등 제1차 산업이야. 공업화는 거의 이루어지지 않았지.
최근에는 아름답고 때 묻지 않은 자연환경과 색다른 문화에 매력을 느낀 관광객들이 많이 찾고 있어서 관광업이 오세아니아의 주요 산업으로 떠오르고 있단다.

⭐ 사람보다 양이 많은 나라

　오스트레일리아는 남북 길이가 3천1백 킬로미터, 동서 길이는 4천 킬로미터로 한반도 면적의 35배나 되는 국토를 가진 나라야. 그런데 연간 강수량이 5백 밀리미터 이하인 건조 지역이 국토의 대부분을 차지하고 있어. 사람들은 대부분 남동부나 남서부 해안에서 100킬로미터 이내의 날씨가 온화하고 비가 비교적 많이 오는 지역에서 살고 있지.

　이 나라에서는 세계 양모 생산량의 3분의 1에 해당하는 양모가 생산되고 있단다. 2019년 오스트레일리아의 인구는 약 2천5백만 명인데, 양은 사람보다 무려 3배 정도인 약 7천만 마리가 살고 있어. 양모 산업이 발달한 것은

양을 기르기에 아주 좋은 지리적인 특성을 가졌기 때문이야.

양들은 풀을 먹고 살아. 풀은 연간 강수량이 250~750밀리미터인 지역에서 잘 자라지. 그래서 비가 거의 내리지 않는 사막이나 비가 너무 많이 내리는 열대 우림 지역에서는 양을 키우기에 적당하지 않아.

오스트레일리아의 건조 지역은 풀이 많은 목초지라 양이 자라기에 아주 좋은 환경이야. 뿐만 아니라 오스트레일리아의 지형은 높낮이가 심하지 않아서 양을 방목하기에 적합하지.

양을 먹일 물이 부족하다면 아무리 풀이 많아도 양을 키울 수 없어. 그런데 오스트레일리아의 동부는 태평양에서 불어오는 습한 바람이 높은 산맥에 부딪쳐 비가 많이 내린단다. 강이나 호수가 별로 없으니까 빗물이 다른 곳으로 흘러가는 대신 땅속으로 스며들어 지하수가 되지.

이 지하수는 경사를 이루고 있는 지층을 따라 서쪽 내륙으로 이동해. 그래서 지하수를 퍼 올려서 양이나 소가 마실 물을 얻는단다. 이 지하수는 염분이 강해서 사람이 마시기에는 적당하지 않지만 양이나 소가 마시기에는 문제가 없거든. 이렇게 오스트레일리아는 양들이 자라기에 좋은 조건을 골고루 갖추고 있어서 세계 최대의 양모 산지가 되었단다.

이렇게 농수축산업과 같은 1차 산업의 발달은 그 나라 자연환경과 밀접한 관련이 있어.

⭐ 우리 나라 국민이 돼 주세요

중국에서 오스트레일리아로 유학 왔던 페이페이는 2009년 1월 26일 오스트레일리아 건국 기념일에 다음과 같은 선서를 했어.

"오스트레일리아 국민으로서 나는 오스트레일리아와 더불어 민주적인 신념을 서로 나누고, 자유와 권리를 존중하며, 법을 지키고 복종하는 모든 오스트레일리아 국민에게 충성을 맹세합니다."

이로써 페이페이의 국적은 중국에서 오스트레일리아로 바뀌었단다.

영국의 필립 총독은 배 11척에 1천5백 명의 사람을 태우고 오스트레일리아로 떠났어. 배에 탄 사람들 중 3분의 2는 죄수들이었지. 그들은 1788년 1월 26일 보타니만에 도착했는데, 필립 총독은 이 지역에 시드니라는 이름을 붙였어. 이를 기념해 1월 26일은 호주의 날로 정해졌단다.

시드니는 이때부터 영국에서 죄수를 보내는 곳이 되었는데, 1850년대에 금광이 발견되면서 이민자가 이주하게 되었어. 유럽 사람에게는 오스트레일리아도 아메리카와 마찬가지로 새로운 대륙이야. 하지만 유럽인의 발길이 닿기 전부터 이곳에도 사람들이 살고 있었단다.

원주민인 에버리진은 이주민들에게 죽임을 당하거나 이주민들이 옮겨 온 여러 질병에 시달리면서 오히려 인구가 줄어들었지. 오늘날 오스트레일리아 사람의 4분의 3은 영국인 후손인데 비해 원주민 인구는 겨우 2퍼센트에 불

과해.

　오스트레일리아 사람들은 자기들을 지구 반대편에 살고 있는 유럽 사람이라 여기며 백인 이외의 다른 인종을 심하게 차별했단다.

　오스트레일리아는 미국과 중국만큼 넓은 국토를 가졌지만 1970년대 초 인구는 2천만 명도 되지 않았어. 나라가 발전하려면 일할 사람이 많아야 하는데 인구는 크게 늘어나지 않았어.

　그래서 1974년부터는 적극적으로 인구를 늘리는 정책을 펴게 되었고, 아시아 사람들의 이민도 받아들이고 있단다.

경제와 인구가 무슨 관련이 있는지 모르겠다고? 생산을 하려면 어떤 것들이 필요한지 컴퓨터 공장을 예를 들어 살펴보자.

우선 공장을 지을 땅^{토지}과 공장을 운영하기 위해 필요한 시설들을 갖추기 위한 돈^{자본}이 있어야지. 또 컴퓨터를 만들 사람^{노동}들이 필요해.

생산을 하는 데 필요한 토지, 자본, 노동을 생산의 3요소라고 해. 그런데 오스트레일리아는 인구가 적어서 일할 사람들이 부족하기 때문에 다른 나라에서 적극적으로 이민을 받아들이기로 했던 거야.

오스트레일리아뿐만 아니라 뉴질랜드나 캐나다도 마찬가지 이유로 이민을 장려하고 있단다.

⭐ 20세기 최고의 계획도시

한 나라의 수도는 그 나라에서 가장 크고 유명한 도시인 경우가 많아. 그래서 오스트레일리아의 수도는 오페라 하우스로 유명한 시드니이거나 남태평양의 런던이라는 멜버른이라고 생각하는 사람들이 대부분이야. 하지만 두 도시 어느 곳도 오스트레일리아의 수도가 아니란다.

1901년, 오스트레일리아 연방이 만들어지면서 시드니와 멜버른 사람들은 서로 자기 고장이 수도가 되어야 한다고 치열한 경쟁을 벌였어. 어느 도시의 편을 들어주어야 할지 도무지 결정할 수 없었던 오스트레일리아 사람들은 1908년에 기발한 아이디어를 냈어.

두 도시 중간에 위치한 캔버라를 수도로 하기로 말이야. 캔버라는 원주민인 에버리진의 말로 '사람이 모이는 곳'이란 뜻이란다.

당시 캔버라는 도시가 아니라 목장과 농경지로 이용되는 곳이었어. 오스트레일리아 사람들은 이곳에 20세기 최고의 도시를 만들겠다는 계획을 세웠어. 전 세계를 대상으로 도시 계획을 공모한 뒤 1913년부터 도시를 건설하기 시작했어.

1927년 캔버라는 오스트레일리아의 수도가 되었지. 인공으로 만들어진

도시지만 자연을 거의 훼손시키지 않아서 호수 공원과 푸른 언덕을 가진 숲 속의 도시가 만들어졌어.

모든 시민이 쾌적하고 편리한 생활을 할 수 있도록 공공 기관과 교육 시설, 문화 시설 지구, 주택 지구, 공업 지역과 농업 지역 등으로 뚜렷하게 지역이 구분되어 있어.

계획도시 캔버라에서는 길을 잃어도 걱정할 필요가 없어. 강을 이용해 만들어진 인공 호수를 중심으로 여러 모양의 광장과 길들이 질서 있게 배열되어 있거든. 그래서 지도만 있으면 어느 곳이든지 손쉽게 찾아갈 수 있어.

보통 도시는 많은 사람이 모여 살면서 자연스럽게 만들어졌어. 하지만 최근에는 캔버라처럼 사람들이 살고 있지 않은 곳에 계획도시가 만들어지고, 이곳에 사람들이 모여 사는 일이 자주 일어나. 우리나라의 분당이나 일산과 같은 신도시도 계획도시 중 하나란다.

계획도시는 미리 만들어진 계획에 따라 주민을 위한 기관이나 시설, 도로 등에 투자가 이루어지므로 도시 건설에 들어가는 자원의 효율성을 높일 수 있지.

키위프루트의 고향은 어디일까?

키위를 가장 많이 수출하는 나라는 뉴질랜드지만 키위의 원산지는 중국이야. 키위는 중국의 '다래'를 개량한 식물이란다. 20세기 초 정원 꾸미기를 좋아하는 뉴질랜드 사람들은 중국에서 키위를 들여와 정원수로 심었어.

'차이니즈 구즈베리'라고 불렸던 이 식물은 정원 정자에 등나무처럼 그늘을 들이거나 담을 장식하는 용도로 사용되었지. 처음에는 색깔이 칙칙하고 껍질도 꺼끌꺼끌한 이 열매를 먹으려는 사람은 없었어. 기껏해야 구두를 닦는 데 이용했지.

그런데 나중에 껍질을 벗겨 내고 먹어 보니 열매 속이 아주 맛있는 거야. 그래서 사람들은 이 열매를 더욱 먹기 좋게 개량한 뒤, 1959년부터 이름도 키위프루트Kiwi Fruit라고 바꾸었지.

다래를 키위프루트라고 부른 까닭은 열매 모양이 뉴질랜드의 나라 새인 키위 모습을 닮았기 때문이야. 키위는 야행성으로 낮에는 숨어 있다가 밤이 되면 '키~위~'라는 소리를 내며 활동한단다.

보통 나라를 상징하는 동물들은 강하고 힘센 이미지를 가진 독수리나 사자, 호랑이 등이야. 반면 키위새는 날지도 못하고 힘이 없어 보호해 주지 않으면 멸종될 수밖에 없는 동물이야.

하지만 오로지 뉴질랜드에서만 볼 수 있는 새라 뉴질랜드 사람들의 사랑을 받고 있단다.

뉴질랜드는 남반구에 있어서 여름과 겨울이 우리나라와 반대야. 1월의 최고 기온은 섭씨 23.7도 평균 기온은 18.3도이고, 7월의 최저 기온은 4.8도 평균 기온은 9.5도란다. 또한 땅이 기름지므로 다래가 자라는 데 아주 적합한 조건을 지녔어.

뉴질랜드 사람들은 개량된 다래가 좋은 수출 상품이 될 거라고 확신했어. 그래서 이름을 뉴질랜드의 이미지를 담은 키위프루트로 바꾼 거야. 누구나 키위 하면 제일 먼저 뉴질랜드를 떠올릴 수 있게 말이야.

아마 키위를 좋아하지만 이 과일의 원산지가 중국이라는 사실을 모르는 사람이 많을걸.

⭐ '제스프리'니까 분명히 맛있을 거야

옷이나 운동화, 가방을 사면서 사람들은 품질이나 디자인과 함께 상표를 따지는 경우가 많아. 요즘은 공산품뿐만 아니라 농수축산물도 브랜드를 보고 고르기도 하지.

키위도 마찬가지야. '제스프리'라는 상표가 붙어 있으면 먹어 보지 않아도 누구든지 맛있을 거라고 생각한단다.

뉴질랜드에서 키위를 수출하자, 다른 나라에서도 재배하기 시작했어. 뉴

질랜드 농민들은 '키위 중의 키위'는 뉴질랜드산이라는 것을 인식시키기 위해 1997년부터 수출용 키위에 제스프리라는 상표를 붙이기 시작했어.

뉴질랜드의 키위 생산과 판매는 아주 독특한 방식으로 이루어지고 있단다. 1984년 정부는 농민들에게 농가 소득의 최고 40퍼센트까지 지급했던 농업 보조금을 완전히 없애 버렸어.

하루아침에 수입이 줄어든 키위 농가들은 스스로 살길을 찾아야 했지. 그래서 경쟁력을 높이려고 계속해서 품종을 더 좋은 종으로 개량해서 최고

품질의 키위를 생산하는 데 힘을 쏟았어. 또 키위 농가들끼리 뭉쳐서 영농 조합을 만들었단다.

키위 마케팅과 수출 전문 기업인 '제스프리 인터내셔널'은 뉴질랜드 2천5백여 키위 농가가 모두 주주로 참여하는 기업형 조합이야. 이 기업은 주주인 농가에서 납품한 모든 키위에 제스프리 상표를 붙여서 수출한단다.

키위 농가들은 키위 판매 대금뿐만 아니라 제스프리 인터내셔널이 수출로 벌어들이는 이익금의 일부도 배당금으로 받아.

일반인들은 제스프리 인터내셔널의 주식을 가질 수 없고, 오직 키위 농가만이 주주가 될 수 있어. 주식을 사고파는 일도 이들 사이에서만 이루어진단다. 키위 농가들로 이루어진 이사회는 3년마다 외부에서 가장 적합한 전문 경영인을 뽑아서 최고 경영자(CEO)로 임명하고 회사 운영을 맡기지.

2017년 뉴질랜드는 세계 키위 수출의 44퍼센트에 이르는 약 12억 달러의 키위를 수출했단다. 제스프리 키위는 어떤 것을 골라도 맛이 좋고 영양이 풍부하다는 신뢰를 얻었거든. 유전자 조작을 하지 않으면서 '골드키위' 등 새로운 종자 개발에도 앞서 나갔기 때문이야.

다른 나라에서 들여온 식물의 열매를 먹기 좋은 과일로 개량하고, 이를 훌륭한 수출 상품으로 키워 낸 뉴질랜드 농민들, 정말 대단하지?

키위새는 평소에는 힘이 없고 약하지만 자신의 영토에 침입한 다른 키위새를 보면 죽음을 각오하고 싸운대. 그래서 부드럽고 순박하지만 자기 일에 대해서는 철두철미한 뉴질랜드 사람들을 키위라고 부르기도 해. 그러니까 뉴질랜드에는 새, 과일 그리고 뉴질랜드 사람, 이렇게 세 가지 종류의 키위가 있는 셈이야.

⭐ 마오리족의 문화는 훌륭한 관광 상품이야

뉴질랜드 북섬 파이히아에 사는 호네 미하카는 관광객들에게 마오리 역사를 들려주는 것을 아주 좋아해.

"뉴질랜드에 도착한 최초의 마오리는 쿠페Kupe라고 해요. 약 850년 전, 작은 배를 타고 고향을 떠난 그는 남태평양의 뜨거운 태양과 폭풍우를 이겨 내고 수십 일 후에 뉴질랜드 북섬에 도착했지요. 항해 도중 그는 작은 별무리인 마타리키Matariki를 보고 방향을 추측했답니다. 별무리가 마오리인들을 이곳으로 인도했기 때문에 우리는 6월이면 새해맞이 마타리키 축제를 벌여요. 참, 마오리의 새해는 1월이 아니라 6월이랍니다. 우리 선조들은 이 땅을 아오테아로아Aotearoa라고 불렀어요. 희고 긴 구름이라는 뜻이지요. 새로운 터전으로 옮겨 온 마오리 사람들은 지역마다 부족을 이루어 살았어요. 덫과 올가미로 세계에서 가장 큰 새인 모아Moa를 사냥했고, 아마로 짠 그물과 동물 뼈로 만든 낚싯바늘로 물고기를 잡았죠."

세계 곳곳에서 온 사람들은 호기심에 차서 호네 미하카의 이야기를 들어. 우주 탐험도 가능한 시대에 선조들의 고유한 문화를 간직하고 사는 마오리족의 생활이 신기하기만 해.

그래서 독특한 마오리 문화는 훌륭한 관광 상품이 되었어. 뉴질랜드를 찾는 관광객들은 마오리족 인구의 3분의 1이 사는 로토루아를 많이 찾아. 그곳에서 마오리 전통 춤과 노래, 음식을 즐기지.

코를 맞대고 비비는 마오리식 인사를 나누고, 전통 음식인 항이를 먹어 보는 전통문화 체험은 관광객들에게 색다른 즐거움을 선사한단다.

항이는 땅에 큰 구덩이를 파고 불을 지펴 달군 돌 위에 각종 고기와 채소를 층층이 올려 쌓고 헝겊을 덮은 뒤 물을 뿌려 열기와 수증기로 익힌 음식이야.

우리나라도 이들처럼 굴뚝 없는 산업이라는 관광 산업을 키우는 데 힘을 쏟고 있어. 가장 한국적인 것이 가장 경쟁력 있는 문화 상품이라고 한다면, 우리가 내세울 대표적인 전통문화 상품에는 무엇이 있을까?

✯ 돈이 찢어지지 않아

우리나라 사람들이 가장 많이 사용하는 천 원짜리 지폐의 수명은 3년 4개월이란다. 오천 원짜리 지폐의 수명도 5년 5개월이야.

그런데 오스트레일리아나 뉴질랜드에서 사용하는 지폐의 수명은 20년도 넘는다고 해.

그렇게 돈의 수명이 긴 비결이 궁금하다고? 돈을 만드는 재료가 다르기 때문이야. 우리는 면 100퍼센트의 종이로 지폐를 만들지만 오스트레일리아는 폴리머라는 특수한 플라스틱 소재로 돈을 만들어. 이런 돈을 폴리머 노트Polymer Note라고 하는데 잘 찢어지지 않아.

폴리머로 돈을 만드는 방법은 1988년 오스트레일리아에서 개발되었으나 세계 최초의 폴리머 노트는 1991년 파푸아뉴기니에서 발행한 2달러짜리야. 파푸아뉴기니는 돈을 만드는 기술이 없어서 오스트레일리아에 부탁해 돈을 만들어. 오스트레일리아에서는 1992년부터 폴리머 노트를 발행하기 시작했지.

폴리머 노트를 만드는 비용은 일반 지폐보다 높지만 수명이 길어 전체 사용 기간으로 따져 보면 오히려 돈이 적게 드는 셈이란다.

또 폴리머는 보통 사람들이 만들 수 없는 재질이므로 위조지폐를 방지하는 데 효과적이지. 그러나 한번 접히면 잘 펴지지 않고 열에 약하다는 단점도 있어.

파푸아뉴기니와 오스트레일리아의 폴리머 노트 발행을 시작으로 현재는 뉴질랜드, 인도네시아, 말레이시아, 싱가포르, 멕시코, 네팔, 태국, 브루나이, 루마니아, 쿠웨이트 등 20여 개 나라에서 폴리머 노트가 발행되고 있어.

한국은행에서 매년 새 돈을 만드는 데 들어가는 비용은 1년에 무려 1천억 원이나 된다는 구나.

돈을 만드는 데에도 세금이 사용되니까 돈을 깨끗하게 사용하는 것도 돈을 아끼고 나라를 사랑하는 방법 중 하나겠지?

지폐는 구기거나 접어서 호주머니에 넣고 다니는 것보다 잘 펴서 지갑에 넣고 다니면 오래 쓸 수 있단다.

✦ 나라가 망하기도 할까?

아무도 세금을 내지 않는데, 결혼하면 나라에서 방 두 개에 거실이 있는 새집을 공짜로 주는 나라가 있다면? 게다가 학교도 공짜로 다니고, 아프면 공짜로 치료해 주고, 전기료도 공짜라면? 모두 꿈 같은 이야기라고 할 거야.

그런데 정말로 그런 나라가 있었단다. 오스트레일리아 동쪽 적도 부근에 위치한 나우루 공화국이 바로 그런 나라였지.

나우루 공화국은 섬 둘레가 약 10킬로미터, 전체 나라 면적이 서울 여의도 면적의 약 2.5배인 작은 섬나라야. 1980년대까지 나우루 공화국은 세계에서 가장 잘사는 나라 중 하나였어. 1981년 우리나라 1인당 국민 소득이 약 1천8백 달러였는데, 나우루 공화국의 1인당 국민 소득은 약 2만 달러였단다.

나우루 공화국 사람들이 잘살았던 이유는 새똥 때문이었어. 새똥이 쌓여서 만들어진 인광석이 섬 전체를 뒤덮고 있었거든. 인광석은 질 좋은 화학 비료의 원료인데, 태평양의 나우루 공화국이나 길버트 제도_{지금의 키리바시 공화국}에서만 얻을 수 있는 자원이었지.

나우루 사람들은 인광석을 수출해 벌어들인 돈으로 부자가 되자, 인광석 캐는 일은 외국인 노동자들에게 시키고 자신들은 그저 먹고 놀고 즐기면서 살았어.

자원은 무한정 캐낼 수 없으므로 나우루 정부에서는 인광석 수출이 어려울 때를 대비해서 사업을 하려고 시드니, 멜버른, 괌, 사이판과 하와이에 빌딩과 호텔을 샀단다. 하지만 투자 경험이 없었던 사람들이라 부동산 투자는 별로 성공적이지 못했어.

1990년대에 들어서자 인광석은 바닥을 드러냈어. 인광석 수출이 어려워지자 마음이 다급해졌지. 그래서 정부는 나우루 은행을 설립하고 마피아나 테러 조직의 검은돈을 끌어들여서 이를 이용해 돈을 벌기로 했어.

하지만 2001년 9월 11일, 미국에서 일어났던 테러 사건으로 나우루 은행은 파산하고 말았단다. 전 세계 은행들이 힘을 합쳐 테러 자금과의 전쟁을 벌였거든.

그 뒤 나우루 공화국에서는 정치적인 혼란과 경제적인 어려움이 계속되었어. 국외 부동산을 담보로 다른 나라 은행에서 돈을 빌려 버티어 보았지

만 소용없었어. 이자로 빚이 계속 불어나 부동산마저 모두 잃게 되었지.

　지금은 오스트레일리아의 도움을 받으며 살길을 찾으려고 노력하는 중이야. 오랫동안 놀기만 해서 일하는 방법을 잊어버렸던 사람들의 하루하루는 고단하기 그지없고 앞날은 험난하기만 해.

　부모님이 부자면 일하지 않아도 잘살 수 있을 거라고 생각하니? 부모님의 재산은 나우루 공화국의 인광석과 같단다. 캐내다 보면 바닥을 드러내는 인광석보다 스스로 일해서 돈을 버는 능력을 지니는 것이 더 좋을 거야.

⭐ 기차를 타 보고 싶어

　파푸아뉴기니는 인도네시아 동쪽과 남태평양 사이에 위치한 뉴기니섬의 동쪽 절반과 주변 섬들로 이루어진 나라야. 이 나라의 수도 포트모르즈비에 살고 있는 열두 살 소녀 베스시바의 꿈은 기차를 타 보는 것이란다.

　당장 내일이라도 기차 여행을 떠나면 될 것을 그리 대단하지도 않은 꿈을 붙들고 있냐고? 너희에게는 기차 타는 일이 대단하지 않지만 베스시바의 사정은 달라. 파푸아뉴기니의 국토 면적은 한반도 크기의 약 2배 정도이지만 어디에도 철로가 건설된 곳이 없으니까 말이야.

　베스시바가 꿈을 이루려면 해외여행을 가거나 자기 나라에 철도가 건설

돼야 하는데 그게 언제가 될지 알 수 없단다.

파푸아뉴기니는 1975년 오스트레일리아로부터 독립해 독립 국가가 되었는데, 인구는 약 860만 명 정도야. 국민 대부분은 까무잡잡한 피부에 곱슬머리를 가진 파푸아족이지.

그러나 900개가 넘는 부족들은 다른 부족들과 교류를 하지 않고 살고 있단다. 왜냐하면 이웃 마을에 사는 사람들끼리도 서로 의사소통이 안 되거든. 놀랍게도 이 나라에서는 지구상에 존재하는 언어의 12퍼센트 가량의 언어를 찾아볼 수 있어. 공용어인 영어를 할 줄 아는 사람은 드물고 무려 850여 개가 넘는 언어를 사용해 자기 부족들끼리만 의사소통을 한단다.

그래서 사람들은 파푸아뉴기니를 이렇게 소개하지. 21세기가 되어도 원시적인 생활을 그대로 유지하는 지구상의 마지막 남은 미개척지라고 말이야.

파푸아뉴기니는 철로만 없는 게 아니라, 포장도로가 1천 킬로미터도 되지 않을 정도로 도로 사정도 나쁘단다.

파푸아뉴기니 사람들이 서로 교류하며 문명의 혜택을 받으려면 무엇이 우선돼야 할까? 왕래하기 쉽게 길을 먼저 만들어야 할까, 아니면 의사소통이 가능하게 언어부터 통일시켜야 할까?

⭐ 경고합니다. 참치를 마음대로 잡지 말아 주세요!

한동안 모든 나라에서 경제 개발만 중요시하고 자원 고갈이나 환경 파괴에는 신경 쓰지 않았어. 그런데 1970년대부터 환경 보호주의자들은 지구의 미래를 걱정하기 시작했어.

다음 세대들이 살아가는 데 필요한 자원을 남겨 두고 지구 환경을 지키는 범위 내에서 자원을 개발해야 한다는 목소리가 높아졌지. 이것을 '지속 가능한 개발'이라고 한단다.

씨를 뿌리고 식물을 가꾸어야 채소나 과일을 얻을 수 있고, 고기를 얻으려면 소나 돼지와 같은 동물의 새끼를 기르는 과정이 필요해. 하지만 생선을 잡는 일은 달라. 애써 기르지 않고 바다에서 생선을 그냥 잡아 오는 경우가 많아.

씨를 뿌리거나 기르지 않고, 오직 더 많은 생선을 잡는 일에 혈안이 되다 보니 바다에 있는 자원이 점점 줄어들고 있단다.

2007년까지만 해도 중서부 태평양은 한국, 중국, 일본, 대만의 참치잡이 원양 어선들의 황금 어장이었어. 우리나라 사람이 먹는 참치의 90퍼센트 이상이 이곳에서 잡혔지.

그런데 나우루, 파푸아뉴기니, 키리바시, 솔로몬, 투발루, 미크로네시아, 마샬, 팔라우 등 이 지역 나라들이 다른 나라 원양 어선들이 마구잡이로 참치를 잡으면 참치 자원을 보존하기 어렵다는 판단을 내렸단다. 그래서 2007

년 12월부터 바다에 나가 참치를 잡는 날을 2004년 수준으로 줄이라고 통보했어.

잡을 수 있는 참치의 양은 줄어드는데 참치를 사려는 사람들은 그대로라면 어떤 일이 일어날까? 당연히 참치 가격이 올라갈 거야.

상품의 공급량이 줄어들면 가격이 올라가고, 공급량의 늘어나면 가격이 낮아지는 것을 '공급의 법칙'이라고 한단다.

참치 가격이 올라가면 사람들은 비싼 참치 대신 상대적으로 저렴한 고등어나 삼치 등을 사기도 해.

이렇게 특정 상품의 가격이 올라가서 대신 사게 되는 다른 상품을 '대체재'라고 하지. 배추가 비싸서 배추김치 대신 무를 사서 깍두기를 담근다면 무는 배추의 대체재가 되는 거야.

반대로 특정한 상품을 소비할 때 함께 소비되는 상품을 '보완재'라고 한단다. 예를 들어 커피를 마실 때 커피와 함께 설탕과 크림이 필요한 경우 설탕과 크림은 커피의 보완재인 거지.

★ 이 돈을 옮기려면 스무 명이 필요해!

미크로네시아 군도에서 가장 큰 섬인 야프섬에서는 20세기 초까지 도넛 모양의 돌을 돈으로 사용했단다. 물론 아무 돌이나 돈으로 쓰이는 것은 아니야.

이 섬에서 돈으로 사용했던 것은 '야프Yap'라는 돌이지. 지름이 7센티미터인 야프도 있지만, 가장 큰 야프의 지름은 약 4미터이고 무게는 무려 5톤이나 된단다.

돈을 움직이려면 가운데 뚫린 구멍에 긴 막대를 끼운 뒤 여러 사람이 함께 들고 다니거나 바위처럼 굴려야 해. 가장 큰 야프를 옮기려면 스무 명이나 되는 사람이 필요할 정도야. 야프의 가치는 크기와 돈으로 사용되었던 기간에 따라 결정되지.

아주 커다란 야프로 거래를 할 때는 야프를 들고 가 주고받는 것이 아니라 야프는 그 자리에 두고 주인이 바뀌었다는 것만 서로 알려 준단다.

야프섬에는 현재 약 6천8백 개의 야프가 있는데 이 돌은 원래부터 야프 섬에 있지는 않았어. 400킬로미터 떨어진 팔라우섬에 있었던 흰석회암을 바다를 건너서 운반한 뒤 도넛 모양으로 만든 거래.

현재 야프섬에서는 미국 달러를 사용하고 있어. 하지만 집이나 땅을 사고파는 것과 같은 큰 거래에서는 야프가 이용되기도 한단다.

옛날 사람들은 물건과 물건을 바꾸는 물물 교환을 통해 필요한 물건을 구했어. 그러다가 교환을 쉽게 하기 위해 교환을 도와주는 물품이 있으면 편리할 거라는 생각을 했지. 이런 물품이 있으면 반드시 같은 날 물건을 바꿀 필요도 없고, 필요한 물품을 찾으러 다니지 않아도 되니까 말이야.

그래서 야프처럼 돈 역할을 하는 물품을 만들었는데 이런 것들을 물품 화폐라고 한단다. 처음에는 곡식이나 가죽과 같은 생활필수품이 물품 화폐로 쓰였어. 그런데 이런 물품은 생산량에 따라 가치가 변하니까 나중에는 비교적 가치가 일정하고 보관과 운반이 쉬운 동물의 뼈로 만든 소품, 조개껍데기, 베, 농기구, 장신구 등이 많이 이용되었지.

우리나라에서는 삼베나 면 같은 옷감이 물품 화폐로 가장 널리 쓰였어. 시간이 흐르면서 사람들은 깨지거나 쏟아지는 물품보다는 보관하기 쉽고 모양이 변하지 않는 금속이 교환을 도와주는 수단으로는 더 좋다는 걸 알게

되었어. 처음 금속을 화폐처럼 사용했을 때는 일일이 금속의 무게를 달아 보았지만, 나중에는 아예 금속에 무게를 표시해 놓고 사용했단다.

그러다가 금속으로 일정한 모양을 만들고 여기에 가치를 새겨 넣은 동전이 만들어진 거야.

6. 아프리카 이야기

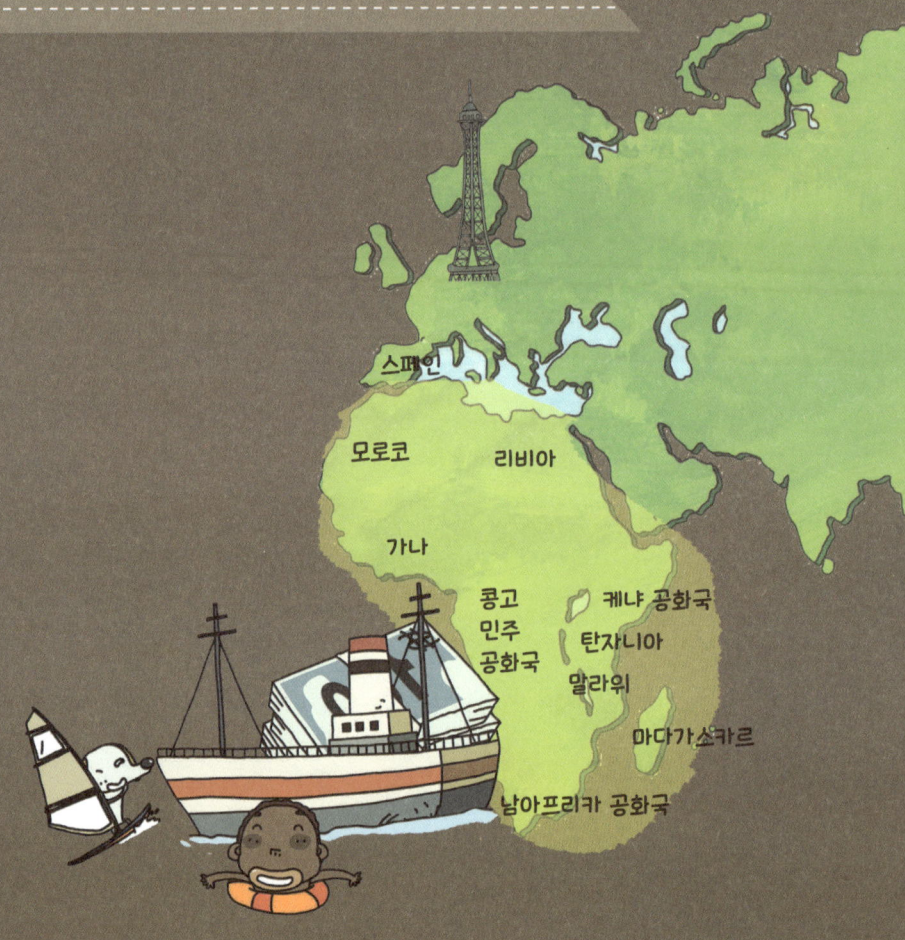

아프리카는 세계에서 세 번째로 큰 대륙으로, 지구 총 육지 면적의 20퍼센트를 차지하고 있어. 아프리카를 '재앙의 대륙'이라고 부르는 사람들도 있단다. 예로부터 지금까지 지구상에서 가장 가난하고 병든 사람이 많은 지역이기 때문이지.

에티오피아를 제외한 아프리카의 모든 나라들이 프랑스, 영국, 벨기에, 포르투갈, 스페인 등 유럽 강대국들의 식민지였다가 1960년 무렵에 독립했어.

그 뒤에도 대륙 내 나라들 사이에 끊임없이 분쟁이 일어났고, 많은 나라에서 독재 정치가

계속되어 발전이 이루어지기 힘들었어.
하지만 최근 들어서 정치적인 안정을 찾아가는 나라들이 늘어나고, 세계적으로 자원의 중요성이 커지면서 풍부한 자원을 가지고 있는 아프리카 대륙에 대한 투자가 늘어나고 있어. 그리고 지구상의 모든 사람이 경제 성장의 혜택을 고르게 누릴 수 있어야 한다고 주장하며 아프리카 사람들의 삶에 관심을 갖는 사람들도 늘어나고 있단다. 하루 빨리 모두가 행복한 세계가 되어 아프리카 사람들도 웃으며 살았으면 좋겠지?

⭐ 오늘은 독립 기념일

"후잠보?"

상카라가 반갑게 인사를 했어. '후잠보'는 동부아프리카 사람들이 많이 쓰는 스와힐리어로 '안녕'이라는 말이야.

"시잠보!"

메사이다도 밝은 얼굴로 '좋아'라고 대답했지.

상카라와 메사이다는 아프리카 동부 해안에 자리 잡은 케냐 공화국의 수도 나이로비에 살고 있는 초등학생이야. 12월 12일 아침 그들은 엔야오 스타디움에서 벌어지는 독립 기념일 행사를 끝내고 함께 만나 빨간색 제복을 입은 군악대의 축하 행진을 구경하기로 했어. 1963년 12월 12일 영국으로부터 독립한 케냐 공화국에서는 매년 같은 날이면 독립 기념일 행사가 벌어진단다.

상카라의 꿈은 독립 기념일에 군악대에서 연주하는 거야. 어린이들이 부러움을 가득 담은 눈으로 음악을 연주하는 자신을 바라보는 일은 상상만으로도 너무 즐겁거든.

산업 혁명이 가장 먼저 일어났던 유럽에서는 생산량이 늘어나자 물건을 만들기 위해 갑자기 많은 양의 원자재가 필요하게 되었어.

또 생산 기술의 발달로 생산량이 늘어나 유럽 사람들이 필요로 하는 것보다 더 많은 물건을 만들게 되었단다. '어떻게 하면 원자재^{공업 생산의 원료}를 쉽

게 마련하고, 다른 나라에 우리 제품을 팔 수 있을까?'

유럽 국가들이 찾아낸 방법은 식민지 건설이었어. 다른 나라를 식민지로 만들면 그곳의 원자재를 차지할 수 있을 뿐만 아니라 만들어진 물건을 팔기 쉽거든. 그래서 1870년 이후부터 제1차 세계 대전이 일어났던 1914년까지 다른 나라를 식민지로 차지하기 위해 치열한 싸움을 벌였단다.

유럽 사람들이 가장 관심을 가진 곳은 아프리카였어. 19세기 중반까지 아프리카는 인도로 가는 길목이며 노예 공급지였단다. 그런데 1870년대에 들어 유럽 사람들은 아프리카가 지니고 있는 자원의 가치를 깨닫게 되었지.

1884년 11월 오스트리아-헝가리, 프랑스, 독일, 영국, 이탈리아, 러시아, 미국, 스페인, 포르투갈, 스웨덴-노르웨이, 덴마크, 벨기에, 네덜란드, 터키의 대표들이 베를린으로 모였어. 여기에서 유럽 강대국들은 아프리카를 나누어 갖는 협상을 한 뒤, 1885년에 아프리카 점령을 위한 조약을 맺었어.

콩고는 벨기에의 왕 레오폴드 2세의 신탁 통치를 받는 콩고자유국이 되었고, 아프리카 연안에 땅을 가지고 있는 유럽 국가가 내륙 지역의 땅을 우선적으로 차지할 수 있다는 원칙을 정하고 땅을 나누기로 했어.

물론 그곳에 살고 있던 아프리카 사람들과는 어떤 의논도 하지 않았지. 그리하여 1876년 아프리카 대륙의 10퍼센트였던 유럽의 식민지는 1900년에는 90퍼센트 이상으로 늘어났단다.

제2차 세계 대전이 끝난 뒤 아시아 대부분의 지역이 식민지에서 벗어나게 되자 아프리카에서도 민족 해방 운동이 활발히 이루어졌어. 1951년 이탈리아의 식민지였던 리비아의 독립을 시작으로 1967년까지 프랑스령 튀니지

와 모로코를 포함한 40여 개 국가가 독립했어. 상카라와 메사이다가 살고 있는 케냐 공화국도 그 시기에 독립을 했던 거야.

하지만 독립 국가가 된 뒤에도 아프리카의 경제 발전은 제대로 이루어지지 않았어. 그래서 아직도 끼니를 걱정해야 하는 가난한 사람들이 많단다.

✪ 초콜릿이 무슨 맛인지 몰라

올해 아홉 살인 알리 디아베이트는 부모님과 함께 가나의 카카오 농장에서 일해. 카카오 열매는 초콜릿을 만드는 원료야.

카카오 농장에서 일을 하면 초콜릿을 실컷 먹을 수 있어서 좋겠다고? 믿기 어렵겠지만 알리 디아베이트는 아직 초콜릿을 먹어 본 적이 없단다. 그래서 초콜릿이 무슨 맛인지 몰라.

카카오나무는 3천여 년 전 중앙아메리카 지역에서 처음으로 재배되기 시작했어. 유럽 사람들이 신대륙을 발견하기 전, 멕시코에 살았던 마야인들은 카카오 열매로 만든 코코아 음료를 즐겨 마셨대.

유럽에 코코아 음료를 소개한 사람은 콜럼버스야. 그리고 16세기 중반에 멕시코를 정복했던 코르테스를 통해서 스페인 귀족과 부자들에게 널리 알려졌어.

17세기 초 스페인 사람들은 남부 아메리카의 베네수엘라와 에콰도르에 카카오 플랜테이션을 만들었어. 플랜테이션이란, 백인들이 열대나 아열대 지방에 커다란 농장을 만들고, 원주민의 값싼 노동력을 이용해 한 가지 농작물을 집중적으로 재배하는 농업이란다.

17세기 중반부터 코코아는 유럽에서 인기를 얻었지. 그래서 라틴 아메리카와 유럽 사이의 카카오 무역이 아주 활발해졌어. 카카오를 대규모로 수확하려면 심은 지 10년이 지나야 해. 또 카카오나무 재배는 아주 손이 많이 가서 카카오 농장에서는 일할 사람이 많이 필요해.

백인들은 아프리카에서 흑인 노예들을 끌고 와서 카카오 농장에서 일을 시켰어. 그러니까 당시 유럽 부자들이 마셨던 코코아 음료에는 아프리카 노예들의 눈물과 땀이 서려 있었단다.

처음에는 카카오 열매로 코코아 음료를 만들어 마셨는데, 1828년 네덜란드 사람 반 호텐이 설탕을 비롯한 첨가물을 넣고 고체 초콜릿을 만드는 데 성공했어.

고체 초콜릿이 인기를 끌자 카카오 소비는 더욱 늘어났지. 그래서 19세기 후반부터 남부 아메리카뿐만 아니라 아프리카에서도 카카오나무를 대량으로 재배하게 되었단다. 코트디부아르, 가나, 나이지리아, 카메룬 등이 카카오 농장이 많은 나라야.

아프리카에는 알리 디아베이트처럼 학교에 가지 못하고 농장에서 일하는 어린이가 많아. 2017년 미국 노동부의 발표에 의하면 가나와 코트디부아르의 카카오 농장에서 일하는 어린이와 청소년은 200만 명이나 된다고 해. 다섯 살에서 열네 살 사이의 어린이와 청소년들이 아침 6시부터 저녁 6시 반까지 하루에 열두 시간도 넘게 일을 하고 있대. 이들은 보호 장비도 없이 몸에 해로운 농약이나 살충제를 카카오나무에 뿌려. 또 10미터나 되는 카카오나무 위로 올라가 '마체테'라는 긴 칼을 가지고 카카오 열매를 따는 위험한 일도 하고 있어.

하지만 카카오 농장에서 일하는 어린이들은 카카오 열매로 만드는 초콜릿이 무엇인지 모른대. 너무 가엾지 않니?

⭐ 나도 학교에 다닐 수 있을 거야

    카카오 농장에서 힘들게 일하는 어린이들의 이야기가 세상에 알려졌어. 이런 사정을 바로잡기 위한 방법을 찾으려고 고민하는 사람들도 생겨났지.

    부모들이 살아가는 데 충분한 돈을 번다면 굳이 어린이들이 돈을 벌려고 일하지 않아도 돼. 이들이 다른 또래 어린이들처럼 일하지 않고 학교에서 공부하게 하려면 어떻게 해야 될까? 학교를 지을 수 있는 돈을 모금해서 보내 주면 될까?

고심 끝에 카카오를 재배하는 사람들과 함께 회사를 만들고, 회사 경영으로 생긴 이익을 나누어 주기로 했단다. 이렇게 만들어진 회사가 영국의 '디바인'이라는 초콜릿 회사야. 디바인은 초콜릿 원료인 카카오를 가나의 '쿠아파쿠쿠'라는 카카오 생산자 조합에서 수입해.

쿠아파쿠쿠는 이 회사 주식의 절반 정도를 가지고 있단다. 초콜릿 회사가 이익을 내면 카카오나무를 재배하는 가나 사람들에게도 이익이 돌아가지. 그래서 쿠아파쿠쿠 생산자 조합에 속한 카카오 농장에서 일하는 사람들은 전에 비해 훨씬 돈을 많이 벌게 되었어.

쿠아파쿠쿠에 학교도 지었어. 이제 어린이들은 카카오 농장에서 일을 하지 않고 학교에서 공부를 하고 친구들과 뛰어놀아. 그렇다고 가나의 모든 어린이의 생활이 이렇게 달라진 것은 아니야. 알리 디아베이트는 아직도 카카오 농장에서 일을 한단다. 하지만 학교에 다닐 수 있다는 희망을 가지게 되었지.

디바인 초콜릿 회사가 만든 초콜릿이 많이 팔리게 되면 더 많은 농장이 쿠아파쿠쿠에 가입할 수 있을 거야. 또 디바인과 뜻을 같이하는 다른 초콜릿 회사가 만들어질 수도 있어.

알리 디아베이트의 꿈은 아주 소박해. 학교에 다니는 것이지.

카카오 농장에서 일하는 어린이들을 도우려는 사람들이 늘어나고 있으니까, 꿈은 반드시 이루어질 거야.

유니세프UNICEF: 국제 연합 국제 아동 긴급 기금의 발표에 따르면 아프리카에서는 아직도 초등학교에 다녀야 할 나이의 어린이 중 약 30퍼센트가 초등학교에 다니지 못하고 있대.

⭐ 아프리카에서 1달러는

　세계은행은 하루 1.90달러 미만으로 살아가는 사람들을 절대 빈곤층으로 분류해. 세계은행의 보고서에 따르면 2018년 현재 세계 절대 빈곤층은 약 6억 명으로, 열두 명에 한 명 꼴이라고 해.

　절대 빈곤층의 비율이 가장 높은 곳은 아프리카 사하라 사막 남쪽 지역이야.

　이곳 사람들의 41퍼센트인 4억 명이 넘는 사람이 하루 1.90달러 미만으로 생활한단다. 다른 지역의 절대 빈곤층은 줄어들고 있지만 이 지역은 인구가 늘면서 오히려 절대 빈곤층 인구도 더 늘고 있다니 큰일이지?

　가난으로 영양실조와 질병에 시달리다 보니 중서부 아프리카에서는 다섯 살 미만 어린이의 사망률이 1천 명 중에 약 180명이나 될 정도로 높단다.

　아프리카에서 1달러의 가치는 어느 정도가 될까? 아프리카에서는 1달러로 하루 식사, 말라리아 예방약, 에이즈 예방 조치를 모두 할 수 있단다.

아프리카 어린이들이 장난감을 사는 데 쓰는 돈도 1년에 평균 1달러라고 해. 1달러면 우리나라 돈으로 1천 원이 조금 넘는 돈이란다.

★ 문을 닫은 신발 공장

세계 여러 나라의 경제 부흥과 개발을 돕기 위해 만들어진 국제 금융 기구가 세계은행이라고 한 것 기억하지? 세계은행은 각 나라 정부나 전력, 운송, 상하수도 등 공공의 이익을 위한 공익사업을 하는 단체에 정부 보증을 받고 돈을 빌려주지. 20세기 후반부터 농업과 농촌 개발 사업에 대한 지원을 늘렸고, 최근에는 아시아와 아프리카, 남부 아메리카의 공업화를 위해 자금을 지원하고 기술 발전을 도와주고 있어.

세계은행의 지원은 가난한 나라들의 경제 개발에 많은 도움이 되고 있어. 하지만 이런 경제적인 지원이 항상 성공을 거두는 것은 아니야.

1980년대 초 탄자니아 정부는 세계은행의 도움을 받아 모로고로에 신발 공장을 세웠어. 이 공장이 제대로 돌아가면 탄자니아 국민들이 필요한 신발뿐만 아니라 수출도 가능한 양을 만들 수 있을 만큼 큰 공장이었지. 탄자니아 사람들은 '메이드 인 탄자니아Made in Tanzania' 신발을 수출해 가난을 벗어나겠다는 꿈을 꾸었어.

하지만 그들은 단 한 켤레의 신발도 수출하지 못했고, 1990년 공장은 결국 문을 닫고 말았단다. 다른 나라와 같은 시설의 공장을 세웠고, 임금이 선진국에 비해서 훨씬 저렴해 가격 경쟁력이 있었을 텐데 왜 성공을 거두지 못했을까?

그 이유는 공장을 지으면서 열대 지방이라는 지역적인 특성을 고려하지 않았기 때문이었어. 신발 공장의 벽을 알루미늄으로 만들었는데, 벽이 햇빛을 받으면 달아올라서 공장 안은 찜통이 되었지.

사람들은 더워서 일을 할 수 없었어. 기계가 고장 나도 고칠 수 있는 기술도 없었고, 필요한 부속품도 제때 구할 수 없었어. 심지어 공장 물건을 훔쳐가는 직원도 있었단다. 그래서 생산 가능한 양의 5퍼센트 이상 신발을 만들어 낸 적이 한 번도 없었다는구나.

탄자니아 신발 공장의 예를 보면 공장만 세운다고 저절로 경제 성장이 이루어지는 것은 아니야. 국민들이 잘사는 나라로 만들어야겠다는 의지를 가지고, 생산에 필요한 기술을 익히는 등 준비가 우선되어야 하지.

⭐ 작은 도서관에서 큰 꿈을 키워요

아프리카 노예 무역의 중심지였던 탄자니아 잔지바르섬. 알리마아미르는 오늘도 작은 도서관에서 책을 읽어. 지금 읽는 책은 '호랑이 이야기'인데, 한국 동화를 영어로 번역한 거야.

아직도 영어와 스와힐리어로 된 책 3천4백 권이 비치된 도서관이 처음 문을 열었던 날의 기억이 생생해. 개관식에는 탄자니아 출신 여성 유엔 사무부총장도 참석했어. 그날 알리마아미르는 한국에서 온 기자 아저씨에게 말했어.

"도서관에서 공부도 하고 어려운 것을 자세히 찾아보고 싶습니다."

그날 열심히 공부해서 다른 나라 사람을 도울 만큼 능력 있는 사람이 되겠다고 결심했어. 졸업할 때까지 도서관에 있는 책을 모두 읽을 거라는 계획도 세웠단다.

가난을 벗어나려는 꿈을 가지고 세계은행의 도움으로 신발 공장을 비롯한 공장을 지었지만, 공장이 결국 문을 닫게 되자 탄자니아 정부는 깨달았어.

가난을 벗어나려면 공장을 짓는 것보다 국민을 가르치는 교육이 우선되어야 한다는 것을 말이야. 그 뒤 나라 예산을 계획할 때 교육 정책을 가장 먼저 고려하게 되었지.

유엔 세계관광기구에 속한 스텝 재단 UN WTO ST-EP Foundation도 가난을 몰아내는 데 교육이 중요하다는 같은 생각을 가지고 있어. 그래서 2007년부터 주로 한국 기업의 도움을 받아 아프리카와 동남아 지역에 작은 도서관을 세우는 일을 해.

탄자니아 잔지바르섬에 세워진 작은 도서관은 스텝 재단이 2008년 7월, 탄자니아에 세운 작은 도서관 13개 중의 하나야. 2017년 현재 이 재단은 세계 20개국에 180개의 작은 도서관을 세웠어.

재단의 목표는 천 개 이상의 도서관을 세우는 것이란다. 작은 도서관에서 큰 꿈을 꾸면서 열심히 공부하는 어린이들이 늘어나면 세상은 훨씬 살기 좋은 곳으로 변하겠지?

⭐ 이제 옥수수를 수출하게 되었어

우리나라에서도 먹을거리가 부족했던 시절, 보릿고개를 겪었단다. 보릿고개란, 지난해 가을에 거두어들인 식량은 떨어졌지만 보리는 아직 여물지 않아 굶주림을 참아야 했던 봄철의 시기를 말해.

2007년 전까지 아프리카 남동부에 있는 말라위는 해마다 10월이면 '옥수수고개'를 겪는 대표적인 식량 부족 국가였어. 2005년에는 식량 사정이 더욱 나빠져서 말라위 사람 1천2백만 명 가운데 40퍼센트 가량이 굶주림에 허덕였단다.

2005년 가뭄으로 말라위의 옥수수 수확량은 전체 수요량의 40퍼센트 정도에 그쳤지. 게다가 미국 남부 지방에 몰아친 허리케인 카트리나로 남아프리카 지역의 옥수수값이 폭등해 다른 나라에서 수입할 수도 없었어.

카트리나의 피해로 폐허가 되었던 뉴올리언스는 미국 옥수수 수출의 중요한 창구였거든.

뉴올리언스로부터 옥수수를 수입했던 일본이 이곳에서 수입이 어려워지자 남아프리카에서 옥수수를 대량으로 사들였어. 그러자 남아프리카의 옥수수값은 두 배가 넘게 뛰어 버렸어.

60퍼센트 정도의 국민이 하루 1달러 이하로 생활하는 말라위 사람들은 옥수수를 살 엄두도 못 내고 한숨만 내쉬었단다.

빙구 와 무타리카 대통령은 말라위가 해마다 식량이 부족한 것은 가뭄

탓이 아니라 농업 생산성이 낮기 때문이라고 판단했어. 그래서 농업 생산성을 높이기 위해 6천만 달러의 돈을 들여서 농가에 비료 할인 쿠폰을 나누어 주었지. 비료 한 봉지를 7분의 1 값에 살 수 있는 쿠폰이었어.

세계 무역 기구
WTO : World Trade Organization

제네바에 본부를 둔 세계 경제 기구로 WTO라고 한다. 세계 125개 나라가 참여해 결성됐다. 세계 무역 분쟁 조정·관세 인하 요구·반덤핑 규제 등 법적인 권한과 구속력을 행사할 수 있다.

1995년 세계 무역 기구*가 만들어진 이후 정부는 기업의 자유로운 경제 활동을 보장하고, 물건 가격은 시장에서의 수요와 공급에 따라 결정되어야 한다는 주장이 세계를 지배하게 되었어.

그래서 세계은행, 미국, 영국 등에서는 말라위의 비료 할인 쿠폰 정책은 정부가 지나치게 경제 활동에 관여하는 것이라며 비난했어. 차라리 원조 물품을 보낼 테니 이를 굶주린 사람들에게 나누어 주라고 했지.

그렇지만 빙구 와 무타리카 대통령은 단호하게 결심했어.

"내가 대통령 자리에 있는 한 외국에 음식을 구걸하는 일은 없어야 한다."

다른 나라의 반대를 무릅쓰고 밀고 나갔던 정책으로 말라위의 농산물 생산량은 엄청나게 늘어났어.

2007년의 생산량은 2005년에 비해 무려 세 배나 늘어서 말라위 국민들이 필요한 식량보다 더 많은 콩이나 옥수수를 생산할 수 있었어. 남은 옥수수를 수출도 하게 되었지.

영국의 한 신문은 '다른 아프리카 국가들도 말라위를 눈여겨봐야 한다.'

고 추켜세웠어. 비료 할인 쿠폰 정책을 비난했던 영국 정부는 오히려 이 정책을 계속하기 위해 필요한 돈을 지원해 주겠다고 나서기까지 했단다.

광산에서 일하게 되면 잘살 수 있겠지?

"날씨가 좋으니까 강으로 빨래하러 가자."
"우리도 우물을 파요. 그럼 간단한 빨래는 집에서 해도 되는데."
"조금만 참아. 아버지가 광산에서 일하고 돈을 벌게 되면 우물을 팔 수 있을 거야."
랄라이나는 햇빛이 쨍쨍한 날이면 어머니와 함께 빨래를 하러 간단다. 마다가스카르에는 수도 시설이 있는 집이 거의 없어. 그래서 날씨가 좋으면 사람들은 빨래를 하기 위해 가까운 강이나 시냇가로 간단다.

마다가스카르 공화국은 1960년 프랑스로부터 독립했는데, 아프리카 대륙 동쪽 인도양 위에 떠 있는 세계에서 네 번째로 큰 섬 마다가스카르와 주변 섬들로 이루어졌어.
아프리카에 있지만 특이하게 인구의 대부분이 말레이-인도네시아계이고 프랑스 지배의 흔적으로 아시아, 아프리카, 유럽 대륙의 문화가 뒤섞인 독특한 문화를 가진 나라란다. 아프리카 대부분의 나라처럼 아직까지 경제 개발이 제대로 이루어지지 못했어.

　원유, 천연가스, 우라늄, 철, 니켈, 금, 은, 에메랄드 등 광물 자원이 풍부해서 이런 자원을 개발하면 경제 개발에 필요한 돈을 마련할 수 있지만 자원을 개발할 자본이 없어서 손을 놓고 있었지.

　그러다가 외국 기업들이 자기 돈을 들여서 자원을 개발하면 이를 우선적으로 수입할 권리를 보장해 주는 방식으로 외국인들이 투자하도록 계획을 세웠단다. 요즘은 안정적으로 필요한 자원을 확보하려고, 자기 돈을 들여서 다른 나라의 자원을 개발하려는 외국 기업들이 많거든.

　마다가스카르의 암바토비 광산은 세계 3대 니켈 광산 중 하나야. 니켈은

스테인리스강, 특수합금강 등 자동차 제조에 많이 쓰이는 금속이야. 우리나라에서도 한 해에 12만 톤이 필요한 아주 중요한 광물이지.

우리의 주요 수출품인 자동차를 만들려면 이를 수입해야 하는데 주요 광물은 돈이 있어도 수입하지 못하는 경우가 있단다. 그래서 기업들은 자기 기술과 자본을 들여서 생산에 필요한 자원이 있을 만한 곳을 탐사하고, 자원을 찾아내면 해당 나라와 협의를 한 뒤 이를 직접 캐내어 수입할 권리를 확보하는 등 적극적으로 나서고 있어.

암바토비 광산의 니켈 매장량은 약 1억 2천5백만 톤이라고 해. 이곳에서는 한국과 캐나다, 일본의 기업들이 공동으로 광산 개발을 진행하였어. 2012년부터 니켈 생산이 가능해지자 우리 기업들은 광산 개발 참여하면서 약속 받은 대로 1년에 4만 톤을 우선 수입할 수 있는 권리를 갖게 되었어.

우리 기업은 니켈 광산 개발에만 참여했던 것은 아니야. 니켈을 제련하려면 엄청난 전력이 필요한데 마다가스카르 전력 사정으로는 니켈 제련이 불가능해.

그래서 암바토비 광산에서 동쪽으로 220여 킬로미터 떨어진 토아마시나에 '석탄 열병합 발전소'를 만들었어. 공사 현장에서 사용되었던 덤프트럭, 불도저, 레미콘 등 온갖 중장비들은 모두 한국산이었지. 발전 설비 공사를 맡고 있는 기업이 바로 우리나라 기업이었거든.

이런 공사들이 잘 마무리되어서 마다가스카르 사람들은 니켈 광산과 석탄 열병합 발전소에서 일할 수 있게 되었어. 일자리가 늘어났으니 사람들의 생활 수준도 점점 좋아지겠지?

⭐ 돈의 주인공이 동물이야

세계 여러 나라 지폐의 90퍼센트 이상은 앞면 도안으로 인물을 택하고 있어. 인물 초상이 많이 사용되는 이유는 나라를 대표하는 훌륭한 사람들의 초상이 돈의 품위를 나타내는 데 가장 적당하다고 생각하기 때문이야.

그런데 아프리카에는 돈의 주인공으로 인물 대신 동물을 택한 나라들이 있단다. 역사가 짧고 특별히 내세울 만한 인물이 없기도 하지만, 광활한 아프리카 자연은 야생 동물들의 천국이라 이런 동물들이 자기 나라를 나타내는 데 가장 적당하다고 생각하기 때문이지.

가장 대표적인 나라가 아프리카 대륙 가장 남쪽에 위치한 남아프리카 공화국이야. 남아프리카 공화국의 지폐는 동물의 왕국이지. 10랜드에는 코뿔소, 20랜드에는 코끼리, 50랜드에는 사자, 100랜드에는 물소, 200랜드에는 표범이 그려져 있단다.

남아프리카처럼 모든 지폐 도안이 동물은 아니지만, 일부 지폐의 도안을 그 나라를 대표하는 동물로 삼은 아프리카 나라들도 제법 된단다.

⭐ 모로코의 가죽 공장

아프리카 북서쪽에 위치한 모로코는 지중해와 대서양에 면해 있어. 모로코는 1956년 프랑스의 식민지에서 벗어나 독립했는데 약 3천1백만 명에 이르는, 국민의 99퍼센트가 이슬람을 믿는 전형적인 이슬람 국가지.

모로코의 고대 도시 페스에는 로마 시대부터 사용되었던 무두질과 염색 방식을 이용해 가죽을 만들어 내는 가죽 공장이 있단다. 무두질이란, 짐승의 날가죽에서 털과 기름을 뽑아 가죽을 부드럽게 만드는 일이야.

근처 마을에서 당나귀 등에 실려 온, 털이 뽑히지 않은 뻣뻣한 가죽들은 무두질 공장에서 세척, 염색, 건조 과정을 거치면서 질기고 색깔 고운 천연 가죽으로 만들어져.

어떻게 가죽이 만들어지는지 잠깐 구경해 볼까?

비둘기 똥을 풀어 넣은 커다란 물통에 날가죽을 보름 동안 담가 두면 똥의 강한 산성 성분이 생가죽의 기름, 살점 등 불순물을 분해하지.

다음에는 회전하는 드럼통에서 물을 갈아 주며 사나흘 동안 세척을 한단다. 그리고 물감을 풀어 놓은 통 속으로 옮겨 염색을 해.

빨간색은 양귀비, 고동색은 우유와 포도즙, 노란색은 사프란, 검은색은 금속의 녹, 흰색은 우유 등 색깔을 내는 데 사용되는 염료는 모두 천연적으로 얻어지는 것들이야.

이곳에서 생산되는 염소나 양가죽은 세계에서 가장 부드럽고 색깔이 곱다고 알려져 있어. 그래서 유럽에서는 모로코의 부드러운 가죽을 수입해 만든 여성용 구두나 의자가 비싼 가격으로 팔리지.

흔히들 예전의 수공업적 방식의 생산은 기계를 이용한 방식과 비교할 때 경쟁력이 없다고 말하지. 그러나 모로코는 오늘날에도 예전 방식에 의한 수공업으로 가죽 제품을 비롯해 카펫, 도자기, 보석, 청동 제품, 목제품 등 품질이 뛰어난 전통 공예품을 생산하고 있단다. 이런 제품들은 유럽에서 기계로 대량 생산된 제품들과 비교할 수 없는 가격으로 팔리고 있어.

수공업은 경쟁력이 없다고 생각하지만 말고 우리도 전통 수공업을 발굴해 발전시킨다면 이런 제품들이 한국의 전통과 문화를 널리 알리는 전도사 역할을 할 수 있지 않을까?

⭐ 케이프타운의 두 얼굴

케이프타운의 열두 살 흑인 소녀 모니카는 거센 바람을 맞으면서 '희망의 곶Cape of Good Hope'이라는 표지판을 오래도록 바라보았어. 하라레 마을에 살고 있는 모니카는 기분이 울적할 때면 이곳에 와서 바다를 바라보는 것을 좋아해.

흑인들이 사는 하라레 마을에는 판자와 흙을 이용해 비바람을 막을 수 있는 창고 같은 집들이 대부분이야. 답답한 마을을 빠져나와 희망봉에 오면 오늘보다는 내일이 더 나을 것이라는 희망이 새롭게 느껴져.

1994년 넬슨 만델라가 최초의 흑인 대통령으로 당선되기 전까지만 해도 이곳은 흑인들은 올 수 없는 지역이었지만 지금은 흑인들도 올 수 있어. 어제보다 오늘이 나아졌으니까 시간이 흐르면 사정이 점점 좋아질 거라는 생각이 들거든.

하지만 모니카가 마리나 다가마 마을에 살고 있는 백인 소녀 제니의 집에 가 본다면 절망을 느낄지 몰라. 세계 최대의 금과 다이아몬드 수출국인 남아프리카 공화국은 아프리카에서 가장 생활 수준이 높은 나라야. 그중에서도 케이프타운은 아프리카에서 가장 부자들이 많은 곳이란다.

석유 정제, 화학 제품과 비료 생산, 시멘트 생산, 자동차 조립, 선박 수리업이 발달해 이런 일에 종사하는 백인들은 세계에서 가장 아름다운 도시에서 남부럽지 않은 생활을 누리고 있어.

케이프타운의 베네치아로 불리는 마리나 다가마 마을은 부자들의 수상 가옥이 몰려 있어. 동네 사람들은 인공으로 만들어진 물길을 보트를 타고 누비며 서로 인사를 나누고 아름다운 경치를 즐긴단다.

'희망의 곶'

1488년 포르투갈의 항해가인 바르톨로뮤 디아스가 인도양과 대서양이 만나는 이곳을 발견했을 때 포르투갈의 조안 2세는 인도로 가는 항로 발견의 희망을 갖게 되었다면서 이런 이름을 붙였어.

그러나 이를 계기로 백인들이 아프리카로 발을 들여놓게 되었으니 흑인들에게는 '절망의 곶'이었다고 말하는 사람도 있어. 같은 장소가 누구에게는 희망을 뜻하고, 누구에게는 절망을 뜻한다면 슬픈 일이지?

　케이프타운의 흑인의 생활 수준이 백인들과 같아질 수야 없겠지만 하루 빨리 하라레 마을의 모든 집에도 전기와 수도가 들어오고, 화장실이 만들어지기를 기대해 보자.

함께 사는 세상 4

둥글둥글 지구촌
경제 이야기 개정판

2판 1쇄 발행 2019년 6월 5일 | 2판 3쇄 발행 2025년 3월 28일

글쓴이 석혜원 | **그린이** 유남영
펴낸이 홍석 | **이사** 홍성우
편집부장 이정은 | **편집** 조유진·노한나 | **디자인** 김영주
마케팅 이송희·김민경 | **제작** 홍보람 | **관리** 최우리·정원경·조영행
펴낸곳 도서출판 풀빛 | **등록** 1979년 3월 6일 제2021-000055호
주소 서울시 강서구 양천로 583 우림블루나인 A동 21층 2110호
전화 02-363-5995(영업) 02-362-8900(편집) | **팩스** 070-4275-0445
전자우편 kids@pulbit.co.kr | **홈페이지** www.pulbit.co.kr
블로그 blog.naver.com/pulbitbooks | **인스타그램** instagram.com/pulbitkids

ⓒ 석혜원, 2019

ISBN 979-11-6172-130-9 74320
   978-89-7474-913-2 (세트)

* 책값은 뒤표지에 표시되어 있습니다.
* 파본이나 잘못된 책은 구입하신 곳에서 바꿔 드립니다.

KC	**품명** 아동 도서	**사용연령** 10세 이상
	제조국 대한민국	**제조년월** 2025년 3월 28일
	제조자명 도서출판 풀빛	**연락처** 02-363-5995
	주소 서울특별시 강서구 양천로 583 우림블루나인 A동 21층 2110호	
	주의사항 종이에 베이거나 긁히지 않도록 조심하세요.	
	책 모서리가 날카로우니 던지거나 떨어뜨리지 마세요.	
	KC마크는 이 제품이 공통안전기준에 적합하였음을 의미합니다.